EL
CONSEJERO

A. W. TOZER

EL
CONSEJERO

UNA CONVERSACIÓN FRANCA
SOBRE EL ESPÍRITU SANTO

EDITORIAL
PORTAVOZ

Título del original: *The Counselor* © 1993, edición revisada, por The Moody Bible Institute of Chicago y publicado por Moody Publishers, 820 N. LaSalle Boulevard, Chicago, IL 60610. Traducido con permiso.

Edición en castellano: *El Consejero* © 2018 por Editorial Portavoz, filial de Kregel Inc., Grand Rapids, Michigan 49505. Todos los derechos reservados.

Traducción: Nohra Bernal

EDITORIAL PORTAVOZ
2450 Oak Industrial Drive NE
Grand Rapids, Michigan 49505 USA
Visítenos en: www.portavoz.com

ISBN 978-0-8254-5769-2 (rústica)
ISBN 978-0-8254-6665-6 (Kindle)
ISBN 978-0-8254-7479-8 (epub)

1 2 3 4 5 edición / año 27 26 25 24 23 22 21 20 19 18

Impreso en los Estados Unidos de América
Printed in the United States of America

CONTENIDO

Siempre que Jesucristo es glorificado, el Espíritu Santo viene

Cuando llegó el día de Pentecostés, estaban todos unánimes juntos. Y de repente vino del cielo un estruendo como de un viento recio que soplaba, el cual llenó toda la casa donde estaban sentados; y se les aparecieron lenguas repartidas, como de fuego, asentándose sobre cada uno de ellos. Y fueron todos llenos del Espíritu Santo, y comenzaron a hablar en otras lenguas, según el Espíritu les daba que hablasen. Moraban entonces en Jerusalén judíos, varones piadosos, de todas las naciones bajo el cielo. Y hecho este estruendo, se juntó la multitud; y estaban confusos, porque cada uno les oía hablar en su propia lengua.

Hechos 2:1-6

Cuando llegamos a este importante pasaje de las Escrituras, el segundo capítulo de Hechos, quiero que consideremos un hecho que a menudo se pasa por alto: siempre que Jesucristo es glorificado, ¡el Espíritu viene!

Contrario a lo que la mayoría de las personas involuntariamente suponen, lo importante aquí no es que el Espíritu había descendido, sino que Jesús había sido exaltado.

Hagamos ahora un resumen de este capítulo de Hechos. Pedro y todos los discípulos estaban reunidos juntos cuando vino en su plenitud el día de Pentecostés, y todos estaban unánimes en el mismo lugar. Inesperadamente, estando reunidos, "de repente vino del cielo un estruendo como de un viento recio que soplaba" (Hch. 2:2). No fue un viento recio lo que causó un estruendo; lo que se percibió fue el sonido de ese tipo de viento. Y llenó toda la casa donde estaban sentados. Pequeñas lenguas de fuego se asentaron en la frente de cada uno, y todos fueron llenos del Espíritu Santo, y comenzaron a hablar en otras lenguas. Estaban allí presentes diecisiete naciones, y los oyeron hablar en sus propias lenguas. Los que tenían capacidad de asombro, se asombraron. Los escépticos dudaron, y los inquisitivos preguntaron: "¿Qué quiere decir esto?" (2:12).

Quienes se sentaban en silla de escarnecedores también estaban presentes, y dijeron para burlarse: "Están llenos de mosto" (2:13).

"Entonces Pedro, poniéndose en pie con los once, alzó la voz y les habló diciendo: Varones judíos, y todos los que habitáis en Jerusalén, esto os sea notorio, y oíd mis palabras... Mas esto es lo dicho por el profeta Joel" (2:14, 16).

En seguida, les dijo cómo Jesús de Nazaret cumplió la profecía y, a partir de eso, se propuso hablar únicamente de Jesús de Nazaret. En los versículos 32 y 33, Pedro testificó: "A este Jesús resucitó Dios, de lo cual todos nosotros somos testigos. Así que, exaltado por la diestra de Dios, y habiendo recibido del Padre la promesa del Espíritu Santo, ha derramado esto que vosotros veis y oís". Luego, en el versículo 36: "Sepa, pues, ciertísimamente toda la casa de Israel, que a este Jesús a quien vosotros crucificasteis, Dios le ha hecho Señor y Cristo".

De modo que, lo importante según Pedro, era el hecho de que Jesús fuera exaltado. Jesús mismo dijo en aquel último gran día en Jerusalén, según Juan 7:

> El que cree en mí, como dice la Escritura, de su interior correrán ríos de agua viva. Esto dijo del Espíritu que habían de recibir los que creyesen en él; pues aún no había venido el Espíritu Santo, porque Jesús no había sido aún glorificado (Jn. 7:38-39).

Es evidente que la glorificación de Jesús trajo al Espíritu Santo, y debemos captar ese pensamiento al instante. Reiteramos, pues: Dondequiera que Jesús es glorificado, el Espíritu Santo viene. No tenemos que rogarle, pues el Espíritu Santo viene cuando el Salvador es glorificado. Cuando Cristo recibe verdadera honra, el Espíritu viene.

¿Fe en la fe, o fe en Dios?

Ahora bien, quiero que consideres lo que dice Hechos 2:14, "Entonces Pedro, poniéndose en pie con los once, alzó la voz...". Él se puso en pie y alzó su voz. Permíteme señalar que aquí Pedro representa a toda la Iglesia de Dios. Pedro fue el primer hombre que se puso en pie y actuó tras la venida del Espíritu Santo sobre la Iglesia. Pedro había creído la palabra del Señor y había recibido confirmación en su propio corazón. La diferencia entre la fe como aparece en el Nuevo Testamento y la fe como aparece ahora, es que la fe en el Nuevo Testamento realmente producía algo; había una confirmación de su existencia. Ahora la fe constituye un principio y un fin. Nosotros tenemos fe en la fe, pero nada sucede. Ellos tenían fe en un Cristo resucitado, y algo sucedió.

Esa es la diferencia.

> **Dondequiera que Jesús es glorificado, el Espíritu Santo viene.**

Y allí estaba Pedro, en pie, y se levantó, y eso es lo que debería hacer la Iglesia: ponerse en pie y levantarse. Pedro se convirtió en testigo sobre la tierra, como corresponde a la Iglesia, de las cosas del cielo. La Iglesia debe ser testigo de los poderes que trascienden lo terrenal y lo humano; y siendo conocedor de esto, me duele que la Iglesia trate de funcionar en sus propias fuerzas.

Pedro testificó acerca de algo que trasciende lo humano y lo terrenal. Un poder que se extiende más allá de la esfera terrenal se interesó en nosotros y estuvo dispuesto a entrar y darse a conocer. Ese poder resultó ser nada menos que el Espíritu de Dios mismo.

Así que Pedro, testificando de cosas que él había experimentado, quiso guiar, instar y exhortar a quienes aún no lo habían experimentado, a participar de todo ello.

Ahora bien, me permito añadir aquí una sencilla palabra acerca de la iglesia cristiana que intenta avanzar en sus propias fuerzas: esa clase de cristianismo repugna a Dios, porque trata de poner a funcionar una institución celestial de una manera terrenal.

En cuanto a mí, si yo no pudiera contar con el divino poder de Dios, abandonaría por completo esta empresa. La iglesia que quiere el poder de Dios tendrá algo qué ofrecer, algo más que clubes sociales, grupos para tejer, tropas de niños exploradores, y todas las demás cuestiones secundarias.

Lo que debemos hacer

Si una iglesia ha de ser la Iglesia de Cristo, un miembro vivo y orgánico del Cuerpo redimido cuya Cabeza es Cristo, sus maestros y sus miembros deben esforzarse de manera seria y sacrificada, y en oración constante, por tomar una serie de medidas.

Pelear contra la intrusión

En primer lugar, debemos esforzarnos para que nuestras creencias y prácticas se conformen en su contenido al Nuevo Testamento. Debemos enseñar y creer las verdades del Nuevo Testamento, sin añadir nada ajeno. Eso significa que debemos continuamente volver a las raíces.

Los hombres que fueron pioneros de nuestro gran continente norteamericano tomaron un desierto y lo conquistaron. Salieron con sus hachas, talaron árboles, construyeron casas y luego sembraron maíz, patatas, otros vegetales y granos. Cuando plantaron, no se fueron a su cama y durmieron hasta el tiempo de la cosecha. Pelearon contra la invasión del desierto desde el día que sembraron su maíz y los demás cultivos, hasta que los cosecharon y los tuvieron a salvo en sus graneros.

El desierto invade los campos fructíferos, y a menos que se pelee constantemente por mantener a raya esa intrusión, habrá poca o ninguna cosecha.

Creo que sucede exactamente lo mismo con la Iglesia,

porque como dijo un viejo santo: "No pienses ni por un instante que habrá una tregua en la que no seas tentado. De hecho, el que piensa que no está siendo tentado, ya lo es más".

Justo cuando pienso que no estoy siendo tentado, ese es el momento peligroso, y así sucede con la Iglesia. Nos acostamos en nuestros laureles y decimos: "Puede que eso sea cierto de algunas iglesias, pero no de nosotros. Nos hemos enriquecido, ¡y de ninguna cosa tenemos necesidad!" (ver Ap. 3:17).

> **Debemos enseñar y creer las verdades del Nuevo Testamento, sin añadir nada ajeno.**

Esto sirve para recordarnos que debemos pelear por lo que tenemos. Nuestro pequeño campo de las semillas de Dios debe tener las armas necesarias y suficientes guardas fuera para espantar los cuervos y toda clase de criaturas. Ni qué decir de los pequeños insectos que destruyen los cultivos. Tenemos que ocuparnos de ello continuamente. Tenemos que mantener nuestro campo saludable, y solo hay una manera de hacerlo, y es mantenernos fieles a la Palabra de Dios. Debemos constantemente volver a las raíces e introducir la Palabra en la Iglesia.

Buscar el Poder

En segundo lugar, debemos luchar con seriedad y sacrificio, en oración constante, por ser revestidos del mismo poder que les sobrevino en el aposento alto.

Pedro dijo: "[Él] ha derramado esto que vosotros veis y oís" (Hch. 2:33). Debemos revestirnos de lo eterno y vivir la vida del cielo aquí en la tierra. Debemos anteponer nuestra lealtad a Cristo, cueste lo que cueste. Cualquier cosa inferior a esto, no es una iglesia cristiana. Yo preferiría ser miembro de un grupo que se reúne en un recinto pequeño en una calle olvidada que ser parte de una gran actividad dinámica que no base en el Nuevo Testamento su doctrina, su espíritu, su forma de vida, su santidad, y toda su atmósfera y su estilo. No debemos esperar popularidad en una iglesia semejante, pero ciertamente sus frutos vendrán si llegamos a ser esa clase de iglesia.

Los frutos de una iglesia llena del Espíritu

Ahora observemos algunas características de una congregación que es llena del Espíritu y es guiada por el Espíritu.

Gozo

En primer lugar, son personas gozosas. La historia de los moravos revela cómo el Espíritu Santo descendió sobre este movimiento una mañana de octubre de 1727. Estaban celebrando la comunión. Salieron de ese lugar gozosos, sin casi saber si estaban sobre la tierra, o si habían muerto y llegado al cielo. Ese regocijo fue característico de los moravos durante 100 años. No solo eran personas felices en el sentido de obtener su felicidad, sino que su gozo brotaba del interior.

Tenemos en nuestros días muchos que profesan ser cristianos y no tienen gozo y, en cambio, pasan su tiempo intentando conseguirlo. Ahora, hermanos, yo digo que cuando le damos a Dios su lugar en la Iglesia, cuando reconocemos a Cristo como Señor y lo exaltamos, cuando damos al Espíritu Santo su lugar, habrá un gozo que no precisa de nuestro esfuerzo. Será un gozo que brota como una fuente. Jesús dijo que sería una fuente, un pozo artesiano, que brota del interior. Eso caracteriza a una congregación llena del Espíritu Santo. Son personas gozosas, y es fácil distinguirlas de los hijos del mundo.

Me pregunto qué diría el apóstol Pablo si descendiera en este momento y viera nuestras congregaciones. ¿Qué pensaría tras recorrer los pasillos de nuestras iglesias, ir al teatro y observar a las personas allí, pasando por un juego de hockey, y ver las multitudes en el centro comercial y en las calles transitadas? Y al regresar y vernos otra vez, me pregunto si notaría alguna diferencia. No obstante, siempre que la iglesia es una iglesia espiritual y llena del Espíritu, los hijos de Dios debemos ser capaces de distinguirnos de los hijos del mundo.

Útil

Consideremos también cómo una congregación llena del Espíritu puede ser de utilidad para la raza humana.

No me preocupa lo que dicen los críticos que comparan a los predicadores con parásitos y afirman que las iglesias son organizaciones improductivas, pero sí creo que la iglesia cristiana debe ser útil para la comunidad en general. Podemos ayudar el vecindario donde vivimos, y el vecindario será mejor porque estamos allí como cristianos que dan testimonio. No hace falta que nos disculpemos. De hecho, nos deben mucho, porque nosotros como gente transformada hemos reducido el índice de criminalidad, y dondequiera que hay iglesias llenas de Dios y llenas del Espíritu, habrá menos policías en las calles. Dondequiera que aumenta la piedad, disminuye el crimen.

Una congregación llena del Espíritu es útil en el vecindario; útil para los hijos de los hombres, incluso para aquellos que no son convertidos.

Influyente

Por otro lado, también debemos ser influyentes entre las iglesias. Me gustaría ver una iglesia crecer tanto en piedad y estar tan llena del Espíritu, que influya sobre todas las demás iglesias de una región entera. Pablo dijo a algunos de sus hermanos: "habéis sido ejemplo a todos" y "en todo lugar vuestra fe en Dios se ha extendido" (1 Ts. 1:7-8).

Podemos ayudar el vecindario donde vivimos, y el vecindario será mejor porque estamos allí como cristianos que dan testimonio.

Conviene, pues, que yo espere esto de ustedes. Puedo esperar que estemos tan llenos del Espíritu, que caminemos de tal manera con Dios y aprendamos a adorar, viviendo una vida tan limpia y santificada que todo el mundo lo sepa, y que las demás iglesias en nuestra zona sean bendecidas por ello.

Se sabe que cuando Lutero llevó a cabo su reforma, la Iglesia católica se vio obligada a limpiarse; la presión moral del movimiento de Lutero produjo cambios en la Iglesia romana. Cuando Wesley vino y predicó por toda Inglaterra, la Iglesia anglicana se vio obligada a rectificar lo que estaba mal. El metodismo fue una fuerza espiritual que impulsó a otros a tomar medidas respecto a su propia condición.

No hay razón que nos impida ser personas tan llenas del Espíritu, tan gozosas en cantar sus alabanzas, llevar una vida tan pura en nuestros negocios y hogares y en la escuela, que las personas de otras iglesias se enteren y lo reconozcan.

Lo grandioso de esto es que un pueblo lleno del Espíritu que puede vivir bien, también puede morir bien. En los días del Imperio romano empezaron a ver a los mártires y se decían unos a otros: "¡Estos cristianos sí que saben morir bien!". Recuerda cómo el viejo Balaam quiso morir la muerte del justo, pero no vivir la vida del justo. Los cristianos debemos ser capaces de morir bien; debemos al menos lograr esto.

A algunos no les gustará

No obstante, es evidente que algunas personas nunca se sentirán a gusto en una congregación llena del Espíritu. No todos los hombres tienen fe, y hay algunos que no desean esa clase de iglesia. Nombraré a algunos.

Cristianos "de domingo"

A las personas que se visten de religión como un traje dominical bien planchado no les gustará esa clase de iglesia gozosa.

Cuando tenemos un avivamiento y recibimos la bendición de Dios, y la ayuda que necesitamos de Él, esto desagradará a aquellos que viven la religión como un traje de domingo. De hecho, van a angustiarse en gran manera. Desde una perspectiva bíblica, será una exhortación a vivir piadosamente desde el lunes por la mañana, algo que ellos no quieren. Prefieren mantener su religión desconectada de la vida práctica. Su religión está en un lugar y su vida cotidiana en otra parte. El domingo van y lustran su religión, pero hacia las 11 de la noche la vuelven a poner sobre una repisa. Yo me niego a conformarme con esa clase de vida y a esa clase de gente. Debemos ser una iglesia del Dios vivo, y no una reunión de gente influyente y notable. Los notables pueden venir si se ponen de rodillas. Como bien sabes, un notable de rodillas no sobresale por encima de los demás.

Cristianos cómodos

Las personas que se niegan a permitir que la religión los ponga de alguna manera en evidencia y en riesgo, no quieren esa clase de iglesia y de congregación.

Estas son personas que rehúsan permitir que su iglesia, su religión, o su fe se interpongan con sus placeres o sus propios planes. Conocen acerca de la salvación, y están dispuestos a servir a Jesús. Se dirigen al cielo, y van a lograrlo, pero de camino van a divertirse, y planean sus vidas tal como un jardinero planea su jardín.

Es como si presentamos los planes para nuestra vida y decimos: "Señor, es lindo servirte y te amamos, Señor, y cantemos un cántico", pero no cambiamos en absoluto nuestros planes.

Sin embargo, permíteme recordarte que la cruz de Jesucristo siempre cambia los planes de los hombres. La cruz de Cristo es revolucionaria, y si no estamos dispuestos a permitir que revolucione nuestra vida ni permitimos que nos cueste o nos gobierne de alguna manera, no va a gustarnos una iglesia que tome en serio las cosas de Dios.

Las personas quieren obtener los beneficios de la cruz, pero no quieren someterse al gobierno de la cruz. Quieren recibir todo lo que la cruz puede ofrecer, pero no quieren estar bajo el señorío de Jesús.

> La cruz de Jesucristo siempre cambia los planes de los hombres.

Cristianos "divertidos"

A las personas que esperan que la religión sea divertida tampoco les gustará esa clase de congregación llena del Espíritu.

Creo que hemos pasado por un largo período durante el cual el cristianismo ha sido "lo más divertido" del continente. Nos han dicho una y otra vez que podríamos divertirnos mucho más sirviendo a Jesús que haciendo cualquier otra cosa en el mundo. También es inofensivo, ¡y no produce resaca!

Se nos ha enseñado en algunos círculos evangélicos, "sirve a Jesús y tendrás toda la diversión que desees, ¡y no sufrirás una desagradable resaca!".

Eso era cristianismo en aras de la diversión, cristianismo como un medio de entretenimiento. La idea completa es ofensiva y repugnante delante del Dios Todopoderoso. Hermano, la cruz de Cristo no es divertida, y nunca lo fue.

Sí existe algo que se llama el gozo del Señor, que es la fortaleza de su pueblo (ver Ne. 8:10); existe lo que significa alegrarse "con gozo inefable y glorioso" (1 P. 1:8), pero la idea de que el cristianismo es otra forma de entretenimiento es totalmente ridícula.

Cuando entono el himno "Sublime gracia", estoy adorando al Dios Todopoderoso. Si se quiere llamar "entretenimiento" a lo que hacen delante del trono cuando claman día y noche sin cesar "Santo, Santo, Santo es el Señor Dios Todopoderoso" (Ap. 8:4), entonces yo soy un animador de espectáculos. Pero si no es entretenimiento, y no lo es, entonces soy un adorador.

Amado, ¡la iglesia debe adorar! Hay más gozo sanador en diez minutos de adoración que el que hay en cinco noches de fiesta. Nadie jamás adoró a Dios y salió a cometer suicidio en una resaca. Muchos hombres se han suicidado porque se han consumido tratando de divertirse. Muchas jovencitas bellas se han entregado a la diversión, y antes de los veinticinco necesitan una cirugía de rostro porque simplemente se han desgastado por completo.

¡Cuánto me agrada ver la gracia de Dios en un rostro! ¿A ti también? Recuerdo cuando me pidieron predicar a un grupo de personas calladas, con humilde vestimenta, separadas del mundo en sus costumbres y manera de vivir. Las mujeres llevaban un pequeño sombrero en su cabeza, y tenían el cabello recogido. Yo tenía corbata, y le dije al hombre que me presentó: "Como sabrá, soy gentil [no judío], y no sé si me acepten". Él respondió: "Predique a sus corazones, y ellos olvidarán que no pertenece al grupo". Eso fue lo que hice, ¡y sucedió exactamente lo que él había dicho! Me sentí totalmente renovado y maravillosamente bendecido.

Cristianos culturales

Tampoco las personas que se congregan en una iglesia por sus valores culturales estarán contentas ni satisfechas en una congregación llena del Espíritu.

¿Alguna vez has conocido esa clase de personas? No saben nada acerca del Espíritu en sus vidas ni de la iglesia llena del Espíritu. Sin embargo, creen que el valor cultural de la iglesia les aprovecha y les ofrece algo, y quieren que sus hijos crezcan en la atmósfera cultural de la iglesia. Quieren recomendaciones de libros y conferencias acerca de adornos florales, crianza de niños, y toda clase de temas, pero es un hecho que no van a sentirse a gusto junto a las amadas personas a quienes Dios ha regenerado, y que procuran su crecimiento espiritual.

Debemos, pues, ser conscientes en todo momento de esta clase de descontento que va a excluir a unos pocos, y nos entristece su decisión. Sin embargo, damos gracias a Dios por aquellos que estarán dichosos con que ahondemos en las raíces, arranquemos las malezas que no proceden de Dios, y mantengamos el grano creciendo abundante y hermoso. ¡Gracias a Dios por aquellos que ponen su corazón en las cosas del cielo, que caminan con Dios, obedecen la verdad y se aman los unos a los otros!

¿Quiénes florecen en una iglesia llena del Espíritu?

¿Quiénes son estas personas que estarán dichosas, satisfechas y plenas en una congregación llena del Espíritu? ¿Cuáles son sus características?

Quieren librarse de sus pecados

Son las personas que desean despojarse de sus pecados. Si yo tuviera un cáncer creciendo en mi cuello, y quisiera deshacerme de él, cuanto más pronto mejor. Nadie puede venir y distraerme: "Tengo una campanilla, mira cómo suena. ¿No te gusta?".

Yo diría: "No, no me gusta. Estoy preocupado por este cáncer que tengo en mi cuello. ¿Tiene una cura para eso?".

Y alguien dice: "Bueno, olvidemos lo del cáncer. Déjame hacer sonar la campanilla".

A veces tenemos esa clase de personas en la iglesia, pero no ayudan para nada. Hablemos de cómo despojarnos de nuestros pecados. Algunas personas que están abrumadas por su deseo de librarse de sus pecados han experimentado el fuego purificador que atraviesa sus corazones y lo santifica todo. Estas personas estarán dichosas con nosotros.

Anhelan conocer a Dios

Las personas que desean conocer a Dios y caminar con Dios también estarán dichosas aquí. Su anhelo es caminar con Dios y seguir "al Cordero por dondequiera que va" (Ap. 14:4). Las personas que pertenecen al Señor se conocen y se aprecian mutuamente. Puede que exista de vez en cuando entre nosotros una manzana dañada. Jesús mismo tuvo a Judas Iscariote en su rebaño. Nos conocemos los unos a los otros, y cuando nos damos la mano y alguien nos dice algo acerca de Dios, sabemos que hablamos con un hermano en Cristo. Sin importar cuál sea nuestro trasfondo o procedencia, todos hablamos el mismo lenguaje si somos hermanos y hermanas en Jesucristo, nuestro Señor. Nos conocemos y nos estimamos.

Oyen su voz

Asimismo, aquellos que han aprendido a reconocer la voz del buen Pastor se sentirán en casa en una iglesia llena del Espíritu.

Nos entristece que algunas personas nunca hayan escuchado la voz del Pastor. Su voz es tan tierna como una canción de cuna, tan fuerte como el viento, y tan poderosa como "estruendo de muchas aguas" (Ap. 1:15). Las personas que han aprendido a escuchar y reconocer la voz de Jesús,

> Tu seguridad y tu bienestar espirituales dependen de tu cercanía al Pastor.

la hermosa voz sanadora, musical y solemne de Jesús en su iglesia, siempre se sienten en casa donde todo gira alrededor de Él.

La verdadera iglesia cristiana puede ser una conglomeración de todo lo que hay bajo el sol. Es decir, puede que incluya calvinistas, arminianos, metodistas, bautistas y toda clase de gente, y aun así todos coincidimos en una cosa: ¡Jesucristo es sabiduría, justificación, santificación y redención! Él es todo en todos, y el pueblo del Señor que ha aprendido a oír la voz del Pastor por lo general se dirige a esa clase de iglesia.

Sienten su presencia

También están los que son sensibles a la Presencia Invisible, quienes se sentirán en este grupo como en casa.

Puede que no estén muy seguros acerca de otros que están presentes, pero saben que el Señor está presente y son sensibles a eso.

¿Crees que tienes un corazón sensible a la presencia del Señor, o eres de los que solo vienen a "degustar" o "picar un poco aquí y un poco allá"? Que Dios te ayude si ese es tu caso, porque el hijo del Rey no es un degustador ni alguien que pica aquí y allá, sino una oveja que ama a su Pastor y permanece cerca de su Pastor. Ese es el único lugar seguro para una oveja, junto al Pastor, porque el diablo no teme a las ovejas sino únicamente al Pastor. Tu seguridad y tu bienestar espirituales dependen de tu cercanía al Pastor. Si te mantienes cerca de Jesús, ni todos los lobos del mundo podrán alcanzarte.

Hay quienes han probado la buena Palabra de Dios y han percibido el misterioso poder del mundo venidero. Gracias a Dios por quienes en las iglesias prefieren oír la voz de Jesús en lugar de la voz del predicador más notable o del mejor cantante. Gracias a Dios por quienes prefieren disfrutar la Presencia Divina en vez de la presencia del hombre más grandioso del mundo. Gracias a Dios por aquellos que están hastiados de su propio pecado y anhelan ser santos; oro por que crezcan en número. Esto es en lo que creemos: Jesucristo el Señor; una vida limpia, honradez y separación de toda impiedad; adoración gozosa, radiante y feliz; dulce comunión basada en la bondad y la paciencia, perseverancia y sinceridad. Creemos en la visión misionera y, por sobre todas las cosas, adoramos al Señor "en la hermosura de la santidad" (1 Cr. 16:29).

2

El Espíritu Santo no se conoce por medio del intelecto

Respondió Juan y dijo: No puede el hombre recibir nada, si no le fuere dado del cielo.

JUAN 3:27

Al examinar este pasaje, hay dos cosas que debemos tener en mente. Por un lado, afirma que los seres humanos no tenemos la capacidad de aprehender las cosas divinas, pero también que podemos recibir del cielo esa capacidad.

En la revelación de las Escrituras queda bastante claro que las cosas espirituales están ocultas por un velo, y que, por naturaleza, un ser humano no tiene la capacidad de comprenderlas y poseerlas. Se tropieza con un muro. Toma doctrinas, pasajes, pruebas, credos y teología, y los apila como un muro, ¡pero no puede encontrar la puerta! De pie en la oscuridad, lo único que tiene es conocimiento intelectual de Dios, pero no verdadero conocimiento de Dios, porque hay una diferencia entre el conocimiento intelectual de Dios y el conocimiento revelado por el Espíritu.

Es posible crecer en una iglesia, aprender catequesis y hacer con los demás como queremos que hagan con nosotros, dentro de la razón. Pero después de haber hecho todo eso, puede que no conozcamos a Dios en absoluto, porque Dios no se conoce por medio de esas cosas externas. Somos ciegos y no podemos ver, porque ningún hombre conoce las cosas de Dios sino por medio del Espíritu de Dios.

El Espíritu Santo dijo por medio del apóstol Pablo: "tampoco nadie conoció las cosas de Dios, sino el Espíritu de Dios" (1 Co. 2:11). Dios se conoce a sí mismo, y el Espíritu Santo conoce a Dios porque el Espíritu Santo es Dios, y ningún hombre puede conocer a Dios sino por medio del Espíritu Santo. Un hombre que hace caso omiso de esta verdad bloquea de su entendimiento las cosas espirituales.

¡Cuánto desearía que todos nuestros maestros en la iglesia pudieran entender que la esfera del Espíritu está cerrada al intelecto! En realidad, no es difícil entender por qué es así: el espíritu es el agente mediante el cual percibimos y entendemos las cosas divinas, y el espíritu humano ha muerto, está muerto por causa del pecado. Cuando digo que el intelecto humano no es el vehículo por medio del cual aprehendemos las cosas divinas, no hago una afirmación muy profunda. Por ejemplo, si en este momento sonara una sinfonía, no escucharíamos la sinfonía con nuestros ojos, porque Dios no nos dio ojos para oír. Nos dio los ojos para ver.

Si estuviéramos frente a un hermoso atardecer, no podríamos disfrutarlo con nuestros oídos, porque Dios no nos dio oídos para oír atardeceres. Él nos dio oídos para oír música, las voces de nuestros amigos, la risa de los niños y el canto de los pájaros. Él nos dio ojos para ver aquellas cosas que son visibles. Él nunca confunde estas dos.

Si un hombre se para y dice que la esfera natural visible no puede percibirse por medio del oído, nadie se emociona. Nadie salta y dice: "¡Ese hombre es un místico!". Simplemente ha dicho algo de sentido común, un hecho científico normal.

Cuando digo que Dios no nos dio nuestro intelecto para percibirlo a Él, el Ser Divino, sino que nos dio otros medios de comprensión, no hay nada profundo en ello.

> El hombre natural no puede entender ni recibir las cosas del Espíritu de Dios.

Sin embargo, veamos qué nos dice ahora la Palabra de Dios acerca de este concepto. A veces, cuando escuchamos la explicación de algo y luego leemos el pasaje, cobra vida para nosotros.

Leamos Isaías 55:8-9:

Porque mis pensamientos no son vuestros pensamientos, ni vuestros caminos mis caminos, dijo Jehová. Como son más altos los cielos que la tierra, así son mis caminos más altos que vuestros caminos, y mis pensamientos más que vuestros pensamientos.

Asimismo, en 1 Corintios 2:14 dice: "Pero el hombre natural no percibe las cosas que son del Espíritu de Dios, porque para él son locura, y no las puede entender, porque se han de discernir espiritualmente".

El hombre natural, es decir, el hombre psíquico, el hombre de mente, el hombre de intelecto, no puede entender ni recibir las cosas del Espíritu de Dios. Son locura para él, y no puede conocerlas porque se disciernen espiritualmente. Dios nos dio un espíritu para comprenderlo a Él, e intelecto para comprender teología. Hay una diferencia.

En Juan 16:12-14, Jesús dijo:

Aún tengo muchas cosas que deciros, pero ahora no las podéis sobrellevar. Pero cuando venga el Espíritu de verdad, él os guiará a toda la verdad; porque no hablará por su propia cuenta, sino que hablará todo lo que oyere, y os hará saber las cosas que habrán de venir. El me glorificará; porque tomará de lo mío, y os lo hará saber.

Esto queda perfectamente claro: el que nos revela a Dios, el que nos revela a Cristo, es el Espíritu de Dios.

En 1 Corintios 2:6-9 encontramos un pasaje que nos dice:

Sin embargo, hablamos sabiduría entre los que han alcanzado madurez; y sabiduría, no de este siglo, ni de los príncipes de este siglo, que perecen. Mas hablamos sabiduría de Dios en misterio, la sabiduría oculta, la cual Dios predestinó antes de los siglos para nuestra gloria, la que ninguno de los príncipes de este siglo conoció; porque si la hubieran conocido, nunca habrían crucificado al Señor de gloria. Antes bien, como está escrito: Cosas que ojo no vio, ni oído oyó, ni han subido en corazón de hombre, son las que Dios ha preparado para los que le aman.

Resulta extraño cuántas veces nos detenemos cuando deberíamos seguir, y este es uno de esos pasajes en los que las personas se detienen cuando memorizan, y no siguen después de la frase "para los que le aman". Nos detenemos allí, pero la Biblia no se detiene allí. Añade una conjunción "pero", y dice: "Pero Dios nos las reveló a nosotros por el Espíritu; porque el Espíritu todo lo escudriña, aun lo profundo de Dios" (2:10). Ningún ojo ha visto, ningún oído ha oído, y ningún corazón de hombre ha comprendido, "pero Dios nos las reveló a nosotros por su Espíritu". Las cosas espirituales no se perciben por medio del ojo, ni del oído, y ni siquiera se perciben por medio del intelecto. Son reveladas por el Espíritu, "porque el Espíritu todo lo escudriña, aun lo profundo de Dios" (2:10).

Pablo usa una ilustración en el versículo 11 que dice: "Porque ¿quién de los hombres sabe las cosas del hombre, sino el espíritu del hombre que está en él?". Esto es lo que llamamos intuición, y esa no es una palabra que debamos temer. Con la ayuda de Dios, no huyo de las palabras. No temo la palabra "intuición" o "intuir" porque es lo que me permite saber quién soy yo, ¡y no alguien más!

"Entender un pasaje de la Biblia precisa un acto del Espíritu Santo equivalente al que inspiró el pasaje desde el principio".

¿Cómo sabes que tú eres tú, y no alguien más? Si te pusieras junto a otros catorce hombres cuya apariencia fuera idéntica a la tuya, eso no te dejaría confundido. Sonreirías y dirías: "Qué coincidencia tan asombrosa que otros catorce hombres se vean exactamente como yo". Es probable que mi esposa no reconozca la diferencia, pero yo no dudaría quién soy de entre todos ellos. Tú conservas tu individualidad gracias a tu intuición. No necesitas acudir a tu Biblia familiar para descubrir quién eres, porque sabes quién eres. Si fueras huérfano, tal vez no sabrías quiénes son tus padres, pero en lo que respecta a tu yo personal, sabes quién eres por intuición. Y sabes que estás vivo, no tienes que razonar si estás vivo o no. Ahora bien, apliquemos esto a la condición de la iglesia en nuestros días. Olvidamos que hay cosas que nos resulta imposible comprender con nuestra mente, y entonces vamos de un lado a otro tratando de atraparlas con nuestra mente. La mente es buena, Dios la ha dado. Él nos dio nuestra cabeza, y no fue su intención que sirva únicamente como percha para colgar un sombrero. Él nos dio nuestra cabeza, y puso allí el cerebro, y esa facultad que llamamos intelecto cumple su propia función. Pero esa función no es la de aprehender las cosas divinas. Esa tarea le pertenece al Espíritu Santo.

El falso concepto que lleva al error

Permíteme recordarte ahora que la ortodoxia moderna ha cometido un gran error al dar por hecho que las verdades espirituales pueden percibirse intelectualmente. Este concepto ha acarreado consecuencias de gran alcance, las cuales se evidencian en nuestra predicación, en nuestra oración, en nuestros cantos, nuestra actividad y nuestro pensamiento.

Error en el estudio de la Biblia

Yo digo que es un error que creamos que el estudio de la Biblia puede quitar el velo que nos impide percibir las cosas espirituales.

Yo sé que cuando hacemos estudios bíblicos formales,

tenemos que aprender teología, introducción al Antiguo y al Nuevo Testamentos, síntesis de los dos Testamentos, etcétera, etcétera. Los cursos tienen nombres largos, y supongo que quienes los estudian piensan que aportan algo. Podrían aportar algo, siempre y cuando tengan la iluminación del Espíritu Santo. A menos que reciban esa iluminación, ese esclarecimiento interior, no aportarán nada porque el estudio de la Biblia por sí mismo no quita el velo ni lo penetra. La Palabra no dice "nadie conoce las cosas de Dios excepto el hombre que estudia su Biblia". Lo que sí dice es que ningún hombre conoce las cosas de Dios excepto por medio del Espíritu Santo. Es el Espíritu quien escribió la Biblia y quien debe inspirar la Biblia. Permíteme citar un breve lema, no recuerdo de dónde provenía: "Entender un pasaje de la Biblia precisa un acto del Espíritu Santo equivalente al que inspiró el pasaje desde el principio". En lo personal, yo creo que es cierto. En 2 Timoteo 3:16, Pablo dijo: "Toda Escritura es inspirada por Dios, y útil...", y esto corrobora Juan 3:27: "No puede un hombre recibir nada, si no le fuere dado del cielo".

Error en el método

Asimismo, yo digo que es un error creer que podemos hablarnos claramente y esclarecer las cosas espirituales por medio del entendimiento humano.

Se dice que un predicador es un vendedor, alguien que sale a vender el evangelio. Pero no trates de decirme que los métodos que usa Dios para ganar a los hombres son los mismos que emplea un vendedor de cepillos para vender un rascador de espalda. Yo no creo eso.

El Espíritu Santo opera en una esfera completamente diferente, y el método de ganar a un hombre para Dios es un método divino, y no humano. Claro que podemos hacer miembros de iglesia. Podemos ganar personas que estén de nuestro lado, y pueden venir a nuestras clases y asistir a nuestros campos de verano. Puede que lo único que hayamos logrado es convertirlos en prosélitos. Cuando el Espíritu Santo obra en un hombre, Dios es quien hace la obra, y lo que Dios hace, conforme a las Escrituras, es para siempre.

Nos imaginamos que podemos manejar esto en la carne, y de hecho lo manejamos en la carne; el Señor nos permite hacerlo. Podemos sostener nuestro credo y no conocer en absoluto a Dios como persona. Podemos conocer la doctrina y no conocer en absoluto las cosas espirituales. La consecuencia aterradora es que muchas personas conocen acerca de Dios, pero no conocen a Dios mismo. Hay una gran diferencia entre conocer acerca de Dios y conocer a Dios, ¡una diferencia enorme! Yo puedo conocer acerca de un pariente tuyo, y aun así no conocerlo en persona. Si nunca lo he conocido en persona, no conozco la forma como aprieta la mano, ni su mirada, ni la sonrisa de su rostro ni el sonido de su voz.

Solamente conozco algo acerca de él. Puedes mostrarme su fotografía y describírmelo, pero aun así no lo conozco. Solo conozco acerca del hombre.

Un científico sabe de insectos. Puede escribir libros sobre las abejas, los gusanos y otros animales de distintas clases, y aun así nunca conocer uno, ¡nunca! ¡Nunca podría hacérselo entender!

Si tienes un perro, puede que sepas todo acerca de él y de sus hábitos, pero nunca lo conocerás realmente. Puede que te sonría, que saque su lengua rosa y jadee. Parece inteligente, pero es un perro, y como humano, no tienes la capacidad, ni los órganos, ni las técnicas para meterte en su mundo de perro. Puedes cepillarlo, lavarlo, alimentarlo, recortar sus orejas, y conocerlo externamente, pero nunca puedes conocer a tu perro en este sentido al que nos referimos. Tu perro nunca puede conocerte. Puede conocer algo acerca de ti, puede saber cuándo estás contento y cuándo estás enojado con él. Puede saber cuándo ha hecho lo que debe y lo que no debe hacer.

> Hay una gran diferencia entre conocer acerca de Dios y conocer a Dios, ¡una diferencia enorme!

Algunas veces creo que los perros tienen una conciencia tan buena como la de las personas, pero aun así el perro muere y nunca conoce al hombre, porque no tiene la capacidad para aprehender y percibir como un humano.

De igual manera, el ser humano puede conocer acerca de Dios, puede conocer acerca de Cristo que ha muerto por él, puede incluso escribir canciones y libros, puede encabezar una organización religiosa y ejercer importantes cargos en la iglesia, y aun así nunca haber experimentado en absoluto el conocimiento personal y vital de Dios. Solo por medio del Espíritu Santo puede conocer a Dios.

De nuevo digo que, como consecuencia de esta clase de error, en realidad tenemos dos Cristos. Tenemos el Cristo de la historia, el Cristo de los credos. Y, por otro lado, tenemos el Cristo a quien el Espíritu puede revelar.

Ahora bien, nunca podrás discernir a Jesús a partir del conocimiento histórico; es imposible. Es posible leer tu Nuevo Testamento y aun así nunca encontrar en él al Cristo vivo. Puedes estar convencido de que Él es el Hijo de Dios, y aun así nunca tener un encuentro con la persona viva que es

Él. Jesucristo debe ser revelado por el Espíritu Santo; ningún hombre conoce las cosas de Dios sino por medio del Espíritu Santo.

Me gustaría subrayar aquí algo y dejarlo claro: una revelación del Espíritu Santo en un instante glorioso de iluminación te enseñará más de Jesús que cinco años en un seminario teológico. ¡Y yo creo en el seminario! Puedes aprender acerca de Jesús en el seminario. Puedes aprender mucho acerca de Él, y debemos aprender todo lo que podamos acerca de Él. Deberíamos leer todo cuanto podamos acerca de Él, porque leer acerca de Él es legítimo y bueno, es parte del cristianismo. Sin embargo, el destello final que ha de introducir tu corazón a Jesús debe suceder por medio de la iluminación del Espíritu Santo mismo, o no ocurrirá en absoluto.

Estoy convencido de que solo conocemos a Jesús tanto como el Espíritu Santo se complace en revelárnoslo, porque Él no puede ser revelado de ninguna otra manera. Pablo dijo incluso: "Ya no conocemos a Cristo según la carne" (paráfrasis del autor, a partir de 2 Corintios 5:16). La iglesia no puede conocer a Cristo sino conforme lo revela el Espíritu.

Consecuencias nefastas

Hay varias consecuencias nefastas de creer que podemos conocer a Dios con nuestra mente, por medio de nuestra capacidad intelectual.

Primero, considerar que la vida cristiana es muy similar a la vida natural, ¡solo que más alegre, limpia y divertida!

La fe de nuestros padres ha sido identificada con algunas ideas cuestionables. Debemos admitir que una es la filosofía, y pienso que este nuevo movimiento neo-intelectual que trata de resucitar la iglesia por medio del aprendizaje es absolutamente equivocado, porque uno no acude a la filosofía para aprender acerca del Señor Jesús.

Ahora bien, resulta que el apóstol Pablo era, en efecto, uno de los hombres más intelectuales que ha vivido. Aunque algunos lo han llamado uno de los seis grandes intelectos de todos los tiempos, este hombre Pablo dijo a la iglesia de Corinto: "Así que, hermanos, cuando fui a vosotros para anunciaros el testimonio de Dios, no fui con excelencia de palabras o de sabiduría... sino con demostración de Espíritu y de poder" (1 Co. 2:4).

Si tú necesitas que alguien te convenza mediante la razón acerca del cristianismo, ¡algún sabio puede hacerte perder tu convicción! Si vienes a Cristo por una revelación del Espíritu Santo de modo que por intuición sabes que eres hijo de Dios, lo conoces por lo que está escrito, pero también por la luz interior, la iluminación interior del Espíritu. Y nadie puede jamás convencerte de lo contrario.

Cuando era joven, leí la mayoría de libros acerca del ateísmo. Tenía mi Biblia y mi himnario, y unos pocos libros más, entre ellos de Andrew Murray y de Tomás de Kempis, y me eduqué tan bien como pude leyendo libros. Leí la filosofía de todas las mentes más notables, y muchos de esos hombres no creían en Dios, y no creían en Cristo. Recuerdo que leí *Warfare on Science with Christianity*, de White, y si algún hombre puede leer eso y todavía decir que es salvo, no es salvo gracias a su lectura, ¡sino por el Espíritu Santo en él que lo convence de que es salvo!

De hecho, muchos de esos filósofos y pensadores podrían despojarme de todas las "razones" y reducirme a la categoría de ignorante palpitante. Según el razonamiento humano, harían que un hombre salga y arroje su Biblia de vuelta a una repisa y diga: "¡Otro libro nada más!".

¿Sabes qué haría después de leer un capítulo o dos y descubrir argumentos que me resulta imposible refutar? Me pondría de rodillas y con lágrimas le daría gracias a Dios con gozo de que sin importar lo que digan los libros, ¡"Yo te conozco, mi Salvador y mi Señor"!

Yo no lo tenía en mi cabeza, lo tenía en mi corazón. Hay una gran diferencia. Si lo tenemos en nuestra cabeza, la filosofía puede sernos de alguna ayuda. Pero si lo tenemos en nuestro corazón, no hay mucho que la filosofía pueda hacer salvo hacerse a un lado reverente, con sombrero en mano, y decir: "Santo, santo, santo, Señor Dios Todopoderoso" (Ap. 4:8).

> El *cristianismo* es un milagro y un prodigio, algo fuera de los cielos... que no depende del mundo ni es parte del mundo.

Otro asunto cuestionable es la manera en que tratamos de acudir a la ciencia para validar el cristianismo.

Acabamos de atravesar uno de esos largos túneles cuando la iglesia evangélica ha echado mano de la ciencia en busca de alguna clase de ayuda, sin saber que la ciencia carece de técnica para investigar todo lo que es divino en el cristianismo.

Las cosas que la ciencia puede investigar no son divinas, y las cosas que son divinas no pueden ser investigadas por la ciencia. Por supuesto, la ciencia puede construir satélites y naves espaciales, muchas cosas maravillosas en el terreno humano, pero todo eso en realidad es nada. El cristianismo es un milagro y un prodigio, algo fuera de los cielos, algo que ha bajado como la sábana de Pedro, que no depende del mundo ni es parte del mundo, sino algo que viene del trono de Dios como las aguas de la visión de Ezequiel.

La ciencia nada sabe de esto. Solo puede retroceder, echar un vistazo, y no sabe qué decir. Pero si no tenemos esta intuición interior, si no tenemos esa comprensión de lo milagroso, acudimos a la ciencia. Algunos que pertenecen a esta categoría dicen que quieren creer en milagros. Como alguien que encuentra un pez en la orilla, trae una cinta de medir, se mete dentro del esqueleto del pez y mide su garganta. Descubre que es tan ancha como los hombros de una persona y dice: "Vaya, ¡puede que a Jonás lo haya tragado un gran pez!".

Pues bien, yo creo en los milagros, creo en todos los milagros, pero no creo en ellos gracias a la ciencia. Creo en ellos porque Dios los escribió y los relató detalladamente en la Biblia. Si están allí, ¡yo los creo!

Puede que hayas oído hablar acerca de los dos científicos que afirmaron que la historia de la burra que habló a Balaam el profeta es falsa porque "es imposible que la laringe de un burro articule palabras humanas".

Un sabio hombre escocés pasaba y los escuchó hablar, y dijo: "Hagan ustedes un burro y yo lo haré hablar".

Ahí lo tienes, hermano. Si Dios puede hacer un burro, puede hacerlo hablar. El cristianismo se cae o se levanta en Jesucristo, se cae o se levanta en la iluminación del Espíritu Santo.

Pedro hubiera podido quedarse pensando hasta que las vacas llegaran a casa y todavía no estar seguro de nada, pero el Espíritu vino sobre él de repente, entonces saltó y dijo: "a este Jesús a quien vosotros crucificasteis, Dios le ha hecho

Señor y Cristo" (Hch. 2:36). Él supo esto por el Espíritu de Dios.

Otro asunto cuestionable es la manera como patrocinamos la grandeza humana a falta de iluminación interior.

Un estilo literario ha florecido en torno a la idea de que el cristianismo puede ser demostrado por el hecho de que grandes hombres creen en Cristo. Si logramos obtener la historia de un político que cree en Cristo, lo divulgamos en todas nuestras revistas: "El senador tal cree en Cristo". Lo que esto sugiere es que si él cree en Cristo, entonces seguramente Cristo está bien. ¿Cuándo tuvo Jesucristo que echar mano de la ayuda de un senador?

No, ¡no mi hermano! Jesucristo se sostiene solo, único y supremo, se valida a sí mismo, y el Espíritu lo declara el eterno Hijo de Dios. Que todos los presidentes y todos los reyes y reinas, senadores, señores y damas del mundo, junto con todos los grandes deportistas y grandes actores se arrodillen a sus pies y clamen: "¡Santo, santo, santo, Señor Dios Todopoderoso!" (Ap. 4:8b).

Solo el Espíritu Santo puede hacer esto, hermanos míos. Por esa razón yo no me inclino delante de los grandes hombres. Me inclino delante del Gran Hombre, y si has aprendido a adorar al Hijo del Hombre, no adorarás a otros hombres.

Como puedes ver, es el Espíritu Santo o las tinieblas. El Espíritu Santo es el imperativo de Dios para la vida. Si tu fe ha de ser como la fe del Nuevo Testamento, si Cristo ha de ser el Cristo de Dios y no el Cristo del intelecto, debes entrar más allá del velo. Tenemos que atravesar el velo hasta que la iluminación del Espíritu Santo llene nuestro corazón y estemos aprendiendo a los pies de Jesús, no a los pies de los hombres.

Medita conmigo en las palabras de 1 Juan 2:27: "Pero la

unción que vosotros recibisteis de él permanece en vosotros, y no tenéis necesidad de que nadie os enseñe; así como la unción misma os enseña todas las cosas, y es verdadera, y no es mentira, según ella os ha enseñado, permaneced en él".

¿Qué significa "no tenéis necesidad de que nadie os enseñe; así como la unción misma os enseña" (2:27)? El hombre que escribió esto era un maestro, y no descartamos el lugar del maestro, porque uno de los dones del Espíritu es enseñar. Sin embargo, lo que esto dice es que tu conocimiento de Dios no se enseña desde fuera. Se recibe por una unción interior, y no recibes tu testimonio de un hombre, sino de una unción interior.

Tenemos que atravesar el velo hasta que la iluminación del Espíritu Santo llene nuestro corazón.

Pablo dijo: "Porque la Palabra de la cruz es locura a los que se pierden pero a los que se salvan, esto es, a nosotros, es poder de Dios. pues está escrito: Destruiré la sabiduría de los sabios, y desecharé el entendimiento de los entendidos" (1 Co. 1:18-19). Y, además: "Pues ya que en la sabiduría de Dios, el mundo no conoció a Dios mediante la sabiduría, agradó a Dios salvar a los creyentes por la locura de la predicación" (1:21). Dice también: "porque lo insensato de Dios es más sabio que los hombres, y lo débil de Dios es más fuerte que los hombres" (1:25).

Asimismo, Pablo nos asegura que:

Lo necio del mundo escogió Dios, para avergonzar a los sabios; y lo débil del mundo escogió Dios, para avergonzar a lo fuerte; y lo vil del mundo y lo menospreciado escogió Dios, y lo que no es, para deshacer lo que es, a fin de que nadie se jacte en su presencia. (1:27-29)

Como ves, el Espíritu Santo descarta y excluye toda la carne de Adán, todo el resplandor humano, toda esa personalidad, habilidad y eficiencia humanas deslumbrantes. Señala que el cristianismo depende de un milagro perpetuo. El hombre de Dios, el verdadero hombre de Dios lleno del Espíritu, es un milagro constante. Es alguien a quien las personas del mundo no entienden en absoluto. Es un extranjero. Ha venido al mundo en virtud del prodigio del nuevo nacimiento y la iluminación del Espíritu, y su vida es completamente diferente del mundo.

> **El hombre de Dios, el verdadero hombre de Dios lleno del Espíritu, es un milagro constante.**

Si quieres un fundamento bíblico para esta idea, Pablo dijo en 1 Corintios 2:15: "En cambio el espiritual juzga todas las cosas; pero él no es juzgado de nadie". El hombre espiritual tiene la perspicacia que juzga todas las cosas, pero él mismo no puede ser juzgado por nadie, "porque ¿quién conoció la mente del Señor? ¿quién le instruirá? Mas nosotros tenemos la mente de Cristo" (2:16). Muy simple.

Ahora bien, ¿qué vamos a hacer con esta verdad? ¿Vamos a ponernos a debatirla? ¿Vamos a sentarnos y decir nada más que nos pareció bien? ¿O vamos a hacer algo al respecto? ¿Vamos a abrir la puerta de nuestra personalidad, de par en par?

No tenemos que temer. El Espíritu Santo es un Iluminador. Él es la Luz del interior del corazón, y Él nos revelará en un instante más de Dios de lo que podemos aprender toda una vida sin Él. Cuando Él viene, todo lo que hemos aprendido y todo lo que aprendemos ocupará el lugar que le corresponde dentro de nuestra personalidad, nuestras creencias, y nuestro pensamiento global. No perderemos nada por lo que hemos aprendido. Él no sacará lo que hemos aprendido si es verdadero; Él lo pondrá a arder, eso es todo. Él lanzará fuego sobre el altar.

El bendito Espíritu Santo espera que se le honre. Él honrará a Cristo conforme honramos a Cristo. Él espera, y si le entregamos nuestro corazón abierto, un nuevo sol nacerá en nosotros. Lo sé por experiencia personal. Si hay algo que Dios ha hecho a través de mí, se remonta a ese momento solemne, imponente y maravilloso en el que la Luz que nunca ha tocado tierra o mar, "aquella luz verdadera, que alumbra a todo hombre, [y que vino] a este mundo" (Jn. 1:9) resplandeció en mis tinieblas. No fue mi conversión, yo ya había sido convertido, completamente convertido. Fue posterior a la conversión. ¿Y qué de ti?

3

La presencia y el ministerio del Espíritu Santo: Todo lo que Jesús sería

Si me amáis, guardad mis mandamientos. Y yo rogaré al Padre, y os dará otro Consolador, para que esté con vosotros para siempre: el Espíritu de verdad, al cual el mundo no puede recibir, porque no le ve, ni le conoce; pero vosotros le conocéis, porque mora con vosotros, y estará en vosotros... Mas el Consolador, el Espíritu Santo, a quien el Padre enviará en mi nombre, él os enseñará todas las cosas, y os recordará todo lo que yo os he dicho.

Juan 14:15-17, 26

Me pregunto cuántos cristianos hay en el mundo hoy cuya vida espiritual ha sido realmente transformada por haber aceptado el hecho de que el Espíritu Santo ha venido como una Persona, y que está dispuesto y espera hacer en nosotros todo lo que Jesús haría si Él estuviera sobre la tierra.

Digo esto porque sé lo que sucede actualmente en muchas iglesias en nuestra tierra. Lo digo porque es posible dirigir una iglesia y todas sus actividades sin el Espíritu Santo. Es posible organizarla, armar una junta, llamar a un pastor, formar un coro, lanzar una escuela dominical y una sociedad de damas que ayudan. Se puede organizar todo, y la parte organizativa no es mala. Estoy a favor de eso. Pero estoy advirtiendo acerca de organizarse, conseguir un pastor y poner las cosas en marcha y pensar que eso es todo y no hace falta nada más.

El Espíritu Santo puede estar ausente y el pastor seguir con el motor en marcha, y nadie darse cuenta durante años y años. Qué tragedia, hermanos míos, ¡qué tragedia que esto pueda suceder en una iglesia cristiana! ¡Pero no tiene que ser así! "El que tiene oído, oiga lo que el Espíritu dice a las iglesias" (Ap. 3:22).

El Espíritu es esencial

El Espíritu es fiel en su mensaje de la restauración del Espíritu de Dios al lugar que le corresponde en la Iglesia y en la vida del creyente, que sin falta es el suceso más importante que podría suceder.

Si pudieras aumentar la asistencia de tu iglesia hasta que ya no quede más espacio para llenar, si pudieras ofrecer en la iglesia todo aquello que los hombres quieren, aprecian y valoran, y con todo no tuvieras el Espíritu Santo, más valdría que no tuvieras nada. Porque "no con ejército, ni con fuerza, sino con mi Espíritu, ha dicho Jehová de los ejércitos" (Zac. 4:6). No es por la elocuencia de un hombre, ni por la buena música, ni por la buena predicación, sino por el Espíritu que Dios lleva a cabo sus obras poderosas.

Si pudiéramos comprender ahora la importancia de volver a depender del Señor y del poder de su Espíritu, porque llegará el día cuando no tendremos nada más aparte de

Dios. Más nos vale actuar desde ahora que podemos hacer algo al respecto y traer de vuelta al Espíritu Santo de Dios a la iglesia. Traerlo de vuelta por medio de la oración, la obediencia, la confesión, ¡hasta que Él tome el mando en medio de nosotros! Entonces habrá luz, vida, poder, victoria, gozo y fruto bendito que vamos a recibir. Con su dirección y su poder podemos vivir a un nivel completamente diferente que nunca antes soñamos posible. Sí, ¡así es!

Permíteme recordarte ahora que las fuerzas al interior del cristianismo han cometido con frecuencia grandes errores, y luego siguen cometiendo otros mayores.

En épocas pasadas, los liberales al interior del cristianismo cometieron uno de sus errores más garrafales al negar la deidad de Jesucristo, y con ello trajeron ceguera interior a miles de personas, y deterioro espiritual y muerte a miles más.

Pensemos ahora en el cristianismo evangélico en períodos más recientes. Muchos que asisten a nuestras iglesias, y otros que han sido parte del liderazgo

> No es por la elocuencia de un hombre, ni por la buena música, ni por la buena predicación, sino por el Espíritu que Dios lleva a cabo sus obras poderosas.

en nuestras iglesias, están cometiendo un error garrafal: están negando la verdad de la deidad del Espíritu Santo. Yo no creo que los verdaderos cristianos evangélicos negarían la deidad del Espíritu Santo, pero sin duda hemos descuidado la verdad acerca del lugar que ocupa la persona del Espíritu Santo en la Deidad y, por supuesto, hemos descuidado su señorío dentro de la Iglesia.

Consecuencias de nuestro error

Debemos confesar que incluso en nuestros días podemos ver muchas consecuencias de la negligencia de la iglesia cristiana en honrar la Persona divina del Espíritu Santo.

Iglesias tipo "club social"

En primer lugar, la comunión de la iglesia se ha rebajado para convertirse en una comunión social con un ligero sabor religioso.

A este respecto, quiero que sepas cuál es mi posición, y es importante y lo quiero decir llanamente. Yo quiero la presencia de Dios mismo, o no quiero absolutamente nada que ver con la religión. Nunca lograrás que me interese en el club social de damas con un toque de cristianismo para darle cierta respetabilidad. Quiero todo lo que Dios tiene, o no quiero nada en absoluto.

Quiero a Dios mismo, o de otro modo saldré y seré algo más, pero no un cristiano. Creo que el Señor tenía algo parecido en mente cuando dijo: "Yo conozco tus obras, que ni eres tibio ni caliente. ¡Ojalá fueses frío o caliente! Pero por cuanto eres tibio, y no frío ni caliente, te vomitaré de mi boca" (Ap. 3:15-16).

Enseñanzas y prácticas que no son espirituales

En segundo lugar, nuestra negligencia en honrar al Espíritu Santo ha abierto la puerta de la iglesia a muchos maestros que no son espirituales, que carecen de toda espiritualidad y que incluso son contrarias a ella.

Como sabes, la iglesia empezó con una Biblia, luego compiló un himnario, y durante años eso fue todo lo que tenía:

una Biblia y un himnario. La iglesia promedio en la actualidad ciertamente no podría funcionar solo con un himnario y la Biblia. Ahora necesitamos toda clase de cosas. Muchas personas rehusarían servir a Dios sin al menos un cargamento de herramientas que las mantenga felices.

Algunas de estas atracciones que usamos para conquistar a las personas y mantenerlas asistiendo pueden ser refinadas, y otras ordinarias. Pueden ser admirables o degradantes. Pueden ser artísticas o insulsas. ¡Todo depende de quién dirige el espectáculo! Pero el Espíritu Santo no es el centro de atracción, y el Señor no es quien está al mando. Traemos toda clase de tonterías que son contrarias a las Escrituras y carecen de fundamento bíblico, pero se mantienen con tal que la gente siga contenta y viniendo.

El Espíritu de Dios puede penetrar el espíritu del hombre.

A mi modo de ver, lo trágico no es la presencia de estos juguetes y bagatelas religiosos, sino el hecho de que se han convertido en una necesidad, ¡y la presencia del Espíritu Eterno está ausente!

Ahora, si esto es cierto, y nos inquieta en alguna medida, debemos preguntarnos si realmente sabemos a quién estamos pasando por alto cuando rehusamos dar al Espíritu Santo el lugar ministerial que le corresponde en la iglesia y en nuestra vida.

En este punto tendrás que pensar, sacudir tu cabeza y despertar algunas células cerebrales que han estado inactivas desde tus años de secundaria y universidad. Te pido que me acompañes a pensar acerca de algo que se sale un poco de la norma, sin perder de vista que nuestro pensamiento se centra en el Espíritu Santo.

Otro estado del ser

Te invito a considerar conmigo, si lo deseas, la idea del "espíritu" como otro estado del ser. El espíritu no es materia.

Se puede tomar un objeto material y rebotarlo, y es materia. Tú estás compuesto de materia; tu cabeza y tu cuerpo están hechos de materia, pero ese es únicamente un modo de existencia.

Hay otro modo, y es el espíritu. La diferencia radica en que la materia posee tamaño y peso, color y extensión en el espacio. Puede medirse, pesarse, y tiene forma. Pero el Espíritu Santo no es material. Por lo tanto, no tiene peso ni dimensión ni forma ni extensión en el espacio. Por otro lado, una capacidad del espíritu es la de penetrar tu cuerpo sin lastimarlo. Puede estar allí y penetrar porque tiene otra forma.

Sabemos que cuando Jesús resucitó de los muertos, ya no era solo materia. Entró en un recinto donde la puerta estaba cerrada y asegurada. Es evidente que de algún modo atravesó la pared y logró penetrar en ese lugar sin necesidad de abrir la puerta.

Ahora bien, Él no hubiera podido hacer eso antes de morir; pero sí lo hizo después.

El Espíritu, por consiguiente, es otra clase de sustancia. Es diferente de las cosas materiales, y puede penetrar la personalidad. Tu espíritu puede penetrar tu personalidad. Una personalidad puede penetrar a otra personalidad. El Espíritu Santo puede penetrar tu personalidad y tu propio espíritu. En 1 Corintios 2:11, la Biblia dice: "Porque ¿quién de los hombres sabe las cosas del hombre, sino el espíritu del hombre que está en él? Así tampoco nadie conoció las cosas de Dios, sino el Espíritu de Dios". El versículo 12 explica además que ningún hombre conoce las cosas espirituales sino el Espíritu de Dios que las revela. El Espíritu de Dios puede penetrar el espíritu del hombre.

Confusión acerca del Espíritu

Creo que estarás de acuerdo conmigo cuando afirmo que muchas personas están confundidas acerca del Espíritu de Dios. Por ejemplo, el Espíritu Santo no es entusiasmo. Algunas personas obtienen entusiasmo, y se imaginan que es el Espíritu Santo. Algunos que se emocionan con una canción se imaginan que eso es el Espíritu, pero no necesariamente. Algunas de esas personas salen y viven igual que el mundo pecaminoso, pero el Espíritu Santo nunca entra en un hombre y luego lo deja vivir conforme al mundo que odia a Dios. Esa es la razón por la cual la mayoría de las personas no quieren ser llenas del Espíritu Santo: quieren vivir como les apetece y solo tener al Espíritu Santo como una pequeña experiencia más.

Déjame decirte que el Espíritu Santo nunca será un anexo. El Espíritu Santo debe ser Señor, o no estará presente en absoluto.

Deletrea esto en letras mayúsculas: EL ESPÍRITU SANTO ES UNA PERSONA. Él no es entusiasmo. Él no es valentía. Él no es energía. Él no es la personificación de todas las virtudes, como lo es Jack Frost del frío. De hecho, el Espíritu Santo no es la personificación de nada. Él es una Persona, tal como tú eres una persona, pero no sustancia material. Él tiene individualidad. Él es un ser y no otro. Él tiene voluntad e inteligencia. Tiene capacidad auditiva. Posee conocimiento, compasión, la capacidad de amar, de ver y de pensar. Puede oír, hablar, desear, dolerse, y regocijarse. Él es una Persona.

El Espíritu Santo puede comunicarse contigo y puede amarte. Puede contristarse cuando lo resistes e ignoras. Puede menguar igual que cualquier amigo calla cuando lo atacas en tu casa siendo tu invitado. Por supuesto que puede quedarse callado en un silencio apesadumbrado si tú lo ofendes, y podemos ofender al Espíritu Santo.

¿Quién es Él?

Meditemos ahora en la pregunta: "¿Quién es el Espíritu Santo?".

¿Qué dice la Iglesia?

Pues bien, la iglesia cristiana histórica dijo que el Espíritu Santo es Dios.

Algunos de ustedes podrían citar junto conmigo el credo de Nicea, que concluye: "Y creo en el Espíritu Santo, el Señor y Dador de la vida que procede del Padre y del Hijo, quien junto con el Padre y el Hijo reciben adoración y gloria...". Esto decía el credo hace unos 1.660 años.

También está el credo atanasiano, y se me ocurrió que me gustaría llevarte hace unos 1.200 o 1.400 años y que escucháramos quién es Jesús según nuestros padres. Esto surgió a raíz de las declaraciones de un hombre llamado Arrio, quien se levantó y declaró que Jesús era un buen hombre y un gran hombre, pero no Dios. Un hombre llamado Atanasio dijo: "¡No! La Biblia enseña que Jesús es Dios". Hubo una gran controversia, y algunos se acercaron a Atanasio y le dijeron: "¡El mundo entero está en tu contra!".

La respuesta de Atanasio fue: "Muy bien, entonces yo estoy contra el mundo entero".

De modo que se reunieron en gran número y discutieron la cuestión. De allí surgió el credo atanasiano. Como se sabe, la mayoría de nosotros estamos tan ocupados leyendo ficción religiosa que nunca nos acercamos a leer los credos. Esto es lo que dice:

Una es la persona del Padre, otra la del Hijo y otra la del Espíritu Santo, pero el Padre, el Hijo y el Espíritu Santo son una sola divinidad, y les corresponde igual gloria y majestad eterna. Cual es el Padre, tal es el Hijo, tal el Espíritu Santo.

El Padre no fue creado, el Hijo no fue creado y el Espíritu Santo no fue creado. El Padre es infinito, el Hijo es infinito, el Espíritu Santo es infinito. El Padre es eterno, el Hijo es eterno, el Espíritu Santo es eterno. Y sin embargo no son tres eternos, sino un solo ser eterno. Así, no hay tres increados, ni tres seres infinitos, sino un solo ser increado y un solo ser infinito.

De igual manera, el Padre es omnipotente, el Hijo es omnipotente y el Espíritu Santo también es omnipotente. Sin embargo, no hay tres seres omnipotentes, sino un solo ser omnipotente. El Padre es Dios, el Hijo es Dios, y el Espíritu Santo es Dios, mas no son tres Dioses, sino un solo Dios. El Padre es Señor, el Hijo es Señor, y el Espíritu Santo es Señor, mas no son tres Señores, sino un solo Señor. Así, el Padre es Dios y el Hijo es Dios, y de igual modo el Padre es Señor y el Hijo es Señor, y Espíritu Santo también es Dios y Señor. El Padre no fue hecho por nadie, ni creado ni generado. El Hijo no fue hecho ni creado, sino engendrado por el Padre solo. El Espíritu Santo no fue hecho ni creado, sino que procede del Padre y del Hijo.

Ay, hermano, yo no sé qué te inspira esto, pero para mi alma es un exquisito banquete escuchar y saber que esto se ha transmitido a lo largo de la historia y es lo que creían nuestros padres.

Con seguridad sabes que, en tiempos pasados, cuando los cristianos se reunían y declaraban esta clase de credo, les arrancaban la lengua, les quemaban sus orejas, les cortaban los brazos, y algunos perdían la vida, todo por defender esta verdad: que Jesús es Señor, para gloria de Dios Padre.

> Solo Dios puede afirmar que es omnipresente.

Estos santos de Dios de la antigüedad eran eruditos instruidos que conocían la verdad, y se congregaron para escribir estas cosas y nos las transmitieron para el mundo y los siglos por venir. ¡De rodillas doy gracias a Dios por ellos!

¿Qué dicen las Escrituras?

No solo la Iglesia histórica dice que el Espíritu Santo es Dios, sino que las Escrituras declaran que el Espíritu Santo es Dios.

Aquí yo te diría lo siguiente: si la Iglesia lo dijo, y si las Escrituras no lo dijeran, yo lo rechazaría. Yo no le creería a un arcángel que me visita con unas alas de tres metros de envergadura y brilla como una bomba atómica en plena explosión, si no es capaz de citarme un capítulo o versículo de las Escrituras. Quiero saber si lo que dice está en el Libro.

No soy un tradicionalista, y cuando alguien se me acerca y dice: "Eso es una tradición", yo digo: "Muy bien, está muy bonito, interesante si es verdadero, pero ¿lo es? Deme el versículo y el capítulo". Ahora quiero saber: ¿Tenían razón estos hermanos cuando dijeron todo esto acerca del Padre, del Hijo y del Espíritu Santo? ¿Estaban diciendo la verdad?

Pues bien, las Escrituras dicen que Él es Dios. Asignan al Espíritu Santo los atributos que pertenecen a Dios el Padre y al Hijo. ¿Dijeron la verdad? ¡Escucha lo que dicen las Escrituras al respecto!

Las Escrituras dicen que Él es Dios. Le asignan los atributos que pertenecen a Dios Padre y al Hijo. El Salmo 139:7 dice: "¿A dónde me iré de tu Espíritu? ¿Y a dónde huiré de tu presencia?". Esto es omnipresencia, y ni siquiera el diablo es omnipresente. Solo Dios puede afirmar que es omnipresente.

En Job 26:13 se describe al Espíritu Santo como quien tiene poder para crear. Esto dice: "Su Espíritu adornó los cielos". También Job 33:4 dice: "el Espíritu de Dios me hizo, y el soplo del Omnipotente me dio vida". Aquí tenemos, pues, el soplo, el huésped, el espíritu del Omnipotente dando vida, afirmando así que el Espíritu Santo es Creador.

Él da órdenes: "como dice el Espíritu Santo..." (He. 3:7), y solo Dios puede hacer eso. En 2 Corintios 3:17 se le llama Señor: "Porque el Señor es el Espíritu...". Y la confesión en el bautismo es: "Te bautizo en el nombre del Padre, del Hijo y del Espíritu Santo".

Hay una bendición en 2 Corintios 13:14: "La gracia del Señor Jesucristo, el amor de Dios, y la comunión del Espíritu Santo sean con todos vosotros".

Sí, el Espíritu Santo es Dios, y lo más importante es que el Espíritu Santo está presente ahora. Una deidad invisible.

No puedo presentártelo; solo puedo decirte que Él está aquí. Puedo decirte que está presente en medio de nosotros, como una personalidad que conoce y que siente.

Él sabe cómo reaccionas a la verdad de su ser, de su personalidad y de su presencia. Él sabe lo que tú estás pensando. No puedes ocultarte de Él; Él está presente ahora mismo. Jesús dijo: "Y yo rogaré al Padre, y os dará otro Consolador, para que esté con vosotros para siempre" (Jn. 14:16). Así que Él está aquí en medio de nosotros en este momento. Él es indivisible del Padre y del Hijo, es completamente Dios y ejerce todos los derechos de Dios y merece toda la adoración y todo el amor y toda la obediencia. ¡Ese es el Espíritu Santo!

¿Cómo es Él?

A este respecto, hay muchas cualidades hermosas acerca del Espíritu Santo que debemos conocer y tener en cuenta.

Él es como Jesús

Puesto que es el Espíritu de Jesús, ¡el Espíritu Santo es exactamente como Jesús!

Algunas personas se asustan cuando ven que otros alegan haber sido llenos del Espíritu y luego actúan de cualquier manera menos como el Espíritu.

Algunos que afirman estar llenos del Espíritu son muy severos, ásperos y abusivos. A otros los descubren haciendo cosas raras e ilegítimas, y dicen: "Eso es el Espíritu Santo".

Hermano mío, el Espíritu Santo es exactamente como Jesús, del mismo modo que Jesús es exactamente como el Padre. "El que me ha visto a mí ha visto al Padre" (14:9). Jesús dijo, y añadió: "Pero cuando venga el Espíritu de verdad, Él os guiará a toda la verdad... Él me glorificará; porque tomará de lo mío, y os lo hará saber" (16:13-14).

En esencia, lo que Jesús dijo es: "¡El Espíritu me manifestará delante de ustedes!".

Quiero ilustrar un poco más esta verdad, respondiendo algunas preguntas:

"¿Qué piensa el Espíritu Santo de los bebés?".

Pues bien, Jesús pensaba de los bebés lo mismo que piensa el Padre. El Padre debe pensar cosas maravillosas de los bebés, porque el Hijo tomó a un pequeño en sus brazos, puso su mano sobre su cabeza, y dijo "Dios te bendiga". ¡Bendijo al bebé! Tal vez los teólogos no sepan por qué hizo esto, pero yo creo que sí sé. No hay nada más suave y dulce en el mundo entero que la coronilla calva de un bebé, y Jesús puso su mano sobre esa cabecita y la bendijo en el nombre de su Padre. Pues bien, el Espíritu Santo es el Espíritu de Jesús. El Espíritu piensa de los bebés exactamente lo mismo que piensa Jesús.

También podríamos preguntarnos: "¿Qué piensa el Espíritu de los enfermos?". Mi respuesta es: "¿Qué pensaba Jesús de los enfermos?".

"¿Qué piensa el Espíritu de los pecadores?". ¿Qué pensó Jesús de la mujer que fue sorprendida en adulterio y llevada a su presencia? El Espíritu siente exactamente lo mismo que Jesús siente respecto a todo, porque es el Espíritu de Jesús. Él responde exactamente como Jesús respondería.

> No podemos ser todo lo que deberíamos ser para Dios si no creemos y abrazamos las palabras de Jesús.

Imagina que Cristo Jesús nuestro Señor estuviera aquí

en Persona. No habría nadie huyendo de Él. Las personas se acercaron a Él. Las madres trajeron a sus bebés; los enfermos, los cansados, los trabajados, todos vinieron. Todos vinieron porque Él fue la Persona más carismática que jamás haya existido.

Nunca encontrará a alguien que diga algo contra Jesús personalmente, porque Él fue el personaje más adorable, amoroso, bondadoso, tierno y hermoso que haya vivido en el mundo. Él fue la demostración del Espíritu, y así es el Espíritu. Cuando piensas en el Espíritu Santo, piensa en Él como alguien tan lleno de gracia, amor, bondad y mansedumbre como nuestro Señor Jesucristo mismo.

Él puede ser contristado

Puesto que Él es amoroso, bondadoso y amigable, el Espíritu Santo puede ser contristado. Lo contristamos cuando lo ignoramos, lo resistimos, dudamos de Él, pecamos contra Él, rehusamos obedecerle, y le damos la espalda. Puede ser contristado porque es amoroso, y debe existir amor para que haya dolor.

Imagina que tienes un hijo de diecisiete años que ha empezado a descarriarse. Ha rechazado tu consejo y ha querido vivir a su antojo. Supongamos que se juntó con un joven extraño de otra parte de la ciudad y que se ha metido en líos. Recibes una llamada de la estación de policía. Tu muchacho, y otro joven al que nunca has visto, están allí sentados con las manos esposadas.

Tú sabes cómo te sentirías en dicha situación. Te sentirías mal por el otro muchacho, pero no lo amas porque no lo conoces. En cambio, con tu propio hijo el dolor atraviesa tu corazón como una espada. Solo el amor puede dolerse. Si esos dos jóvenes fueran enviados a prisión, puede que compadezcas al joven extraño, pero te dolerías profundamente por el joven a quien has conocido y amado. Una madre puede dolerse porque ama. Si no amas, no puedes dolerte. Cuando las Escrituras dicen "no contristéis al Espíritu Santo de Dios" (Ef. 4:30), quieren decirnos que Él nos ama tanto que cuando lo ofendemos, Él se aflige; cuando lo ignoramos, Él se duele; cuando dudamos de Él, lo contristamos. Gracias a Dios que podemos agradarlo siendo obedientes y creyendo. Cuando le agradamos, Él responde tal como lo harían un padre complacido o una madre amorosa. Y Él reacciona frente a nosotros porque nos ama.

Esta es la tragedia y la desgracia del momento: descuidamos a la Persona más importante que pueda existir en medio de nosotros, el Espíritu Santo de Dios. Y luego, para compensar su ausencia, tenemos que hacer algo que sustente nuestro propio espíritu.

Permíteme recordarte que hay iglesias tan alejadas de las manos de Dios que, si el Espíritu Santo las abandonara, no se percatarían de ello durante meses.

Dije esto alguna vez en un mensaje, y al día siguiente una mujer me llamó y me dijo que había estado presente en nuestro culto.

"Pertenezco a otra iglesia, y le escuché decir que hay iglesias a las que el Espíritu Santo podría abandonar sin que ellas lo notaran —dijo, y luego añadió—. Quiero decirle que esto es lo que ha sucedido en nuestra iglesia. Lo hemos rechazado tantas veces en nuestra congregación, que se ha ido. ¡Ya no está ahí!".

La voz de la mujer era tierna, y no había malicia ni ánimo de crítica en ella. No sé si ella estaba en lo cierto, porque dudo que el Espíritu de Dios abandone una iglesia por completo, pero sí puede "irse a dormir", por decirlo de alguna manera, como el Salvador cuando estaba dormido en un rincón del barco. Se le puede descuidar e ignorar al punto de que no puede manifestarse, y esto puede suceder repetidamente.

Déjame asegurarte que este es el asunto más importante en el mundo, que este bendito Espíritu Santo está esperando ahora y puede estar contigo en este instante. Jesús, en su cuerpo, está a la diestra de Dios Padre Todopoderoso, intercediendo por nosotros. Él estará allí hasta que vuelva. Pero Él dijo que enviaría otro Consolador, el Espíritu Santo, su Espíritu.

No podemos ser todo lo que deberíamos ser para Dios si no creemos y abrazamos las palabras de Jesús. El sentido de sus palabras es: "el Consolador será mi representante, ¡y Él será *todo* lo que *Yo soy*!

4

PENTECOSTÉS: PERPETUACIÓN, NO REPETICIÓN

Cuando llegó el día de Pentecostés, estaban todos unánimes juntos. Y de repente vino del cielo un estruendo como de un viento recio que soplaba, el cual llenó toda la casa donde estaban sentados; y se les aparecieron lenguas repartidas, como de fuego, asentándose sobre cada uno de ellos. Y fueron todos llenos del Espíritu Santo, y comenzaron a hablar en otras lenguas, según el Espíritu les daba que hablasen. Moraban entonces en Jerusalén judíos, varones piadosos, de todas las naciones bajo el cielo. Y hecho este estruendo, se juntó la multitud; y estaban confusos, porque cada uno les oía hablar en su propia lengua. Y estaban atónitos y maravillados, diciendo: Mirad, ¿no son galileos todos estos que hablan? ¿Cómo, pues, les oímos nosotros hablar cada uno en nuestra lengua en la que hemos nacido?

HECHOS 2:1-8

Quiero hablar acerca de algo con base en el segundo capítulo de Hechos, un tema que se considera bastante controvertido, aunque mi intención no es entrar en controversias sino ser de ayuda.

Yo no creo en una repetición de Pentecostés, pero sí creo en la perpetuación de Pentecostés, y hay una gran diferencia entre las dos.

Quiero tratar de que exploremos juntos los elementos de Pentecostés que perduran, tal como están descritos en el libro de Hechos. ¿Qué vino y permaneció? ¿Qué vino y desapareció?

Ahora bien, como he dicho, no creo que Pentecostés deba repetirse, pero sí creo que debe perpetuarse. Creo que Pentecostés no vino y se fue, sino que vino y se quedó.

Tú y yo lo estamos viviendo ahora mismo, si tan solo lo supiéramos.

Fue cierto de Pentecostés, como sucede con toda experiencia religiosa, que hubo elementos externos y, por ende, variables. A Dios muy poco le interesa lo externo. Debemos dejar que el Espíritu Santo nos enseñe que Dios pone poco énfasis en los aspectos externos.

Por otro lado, están los elementos internos y que son del Espíritu, los cuales son permanentes, y casi siempre los mismos. Además de esto, hay elementos secundarios que solo revisten una importancia relativa; no es que sean insignificantes, pero no son esenciales. Y ante todo, están los elementos que son fundamentales y de importancia vital.

Hemos leído los hechos históricos en Hechos 2. ¿Qué sucedió aquel día en ese aposento alto en Jerusalén? Había unas 120 personas congregadas allí, cuando se oyó en el recinto un sonido como de viento recio que soplaba. No dice que el viento recio penetró y sacó todo a volar. ¿Alguna vez has escuchado un sonido que te hiciera pensar que soplaba un fuerte viento en algún lugar? Esto es lo que describe, como el sonido del fuerte soplido de un viento recio.

Mientras se preguntaban qué podría ser eso, apareció de repente una gran nube de fuego que se repartió en pequeñas llamas, las cuales se asentaron sobre la frente de cada uno de los presentes. Este fuego era la Shekinah, la presencia divina, y se repartió y asentó sobre la frente de cada uno de ellos.

Dice el pasaje "lenguas como de fuego". Si enciendes una vela, verás que la llama toma la forma de una pequeña lengua, es ancha en la parte inferior y se va volviendo más fina. Eso

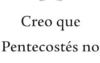

Creo que Pentecostés no vino y se fue, sino que vino y se quedó.

es lo que significa. No hace referencia alguna al lenguaje. Dice que el fuego se asentó sobre sus frentes.

Ahora, esto fue todo, salvo por el hecho de que empezaron a hablar en otras lenguas, y las personas los oían hablar en esos idiomas.

Aspectos irrepetibles

De aquel suceso histórico de Pentecostés, ¿qué hechos ocurrieron que no pueden volver a repetirse? Permíteme presentar algunos:

Toda la iglesia reunida en el mismo lugar

Primero, hubo la presencia física de toda la iglesia reunida en un solo lugar. Eso fue posible porque había únicamente unos 120 cristianos. Era imposible replicar esta experiencia después de eso porque, solo ese día, se añadieron 3.000 personas más al Cuerpo de Cristo, y en otra ocasión hubo alrededor de 5.000 que vinieron a Cristo, lo cual suma cerca de 8.000

personas. Estoy seguro de que no tenían un lugar en Jerusalén donde pudieran sentarse y albergar 8.000 personas. Conforme el evangelio avanzaba día a día, "el Señor añadía cada día a la iglesia los que habían de ser salvos" (2:47). Al final, el número de cristianos creció tanto que en ningún auditorio en ningún lugar podrían haberse reunido.

De lo que sé, la presencia física de todos los creyentes juntos en un lugar nunca se ha repetido.

El sonido de un viento recio

Por lo que sé de la historia de la iglesia y de mi amplia lectura, el sonido de un viento recio del cielo tampoco se ha repetido hasta ahora. Nunca he leído algo parecido que haya ocurrido entre los metodistas, los moravos, los presbiterianos, los anglicanos o cualquier otra reunión de cristianos aparte de ese primer grupo.

He oído que Dwight Moody congregó a unos cristianos y los condujo a un lugar debajo de unos pinos en la parte oriental de Estados Unidos. Los tuvo ahí varios días y nada sucedió.

Moody tuvo que levantarse antes de ellos y decir: "La reunión concluirá mañana, y no podemos irnos a casa sin ser llenos del Espíritu Santo; subamos otra vez y esperemos en Dios". Subieron al bosque de pinos y el poderoso Espíritu Santo descendió sobre ellos. Al día siguiente, tomaron trenes en todas las direcciones, y el historiador relata que dondequiera que iban eran como las zorras de Sansón atravesando los campos, incendiando todo por dondequiera que pasaban. El Espíritu Santo había venido, pero no con el sonido del viento. Eso no se repitió.

La apariencia de fuego

Tampoco he leído en ninguna parte de la historia cristiana que haya aparecido otra vez una masa de fuego. Me refiero a los relatos confiables y fidedignos de cristianos confiables que no exageran los hechos. No he podido encontrar ningún caso de aparición de una gran masa de fuego que se reparte y se asienta en las frentes de los creyentes.

Múltiples lenguas sin interpretación

No he leído acerca de ningún lugar o instancia en el que un grupo de creyentes haya empezado a hablar cada uno en una lengua que todos los demás podían comprender sin necesidad de un intérprete. Eso es exactamente lo que sucedió en Hechos 2. No encuentro registro alguno de un acontecimiento o lugar donde diecisiete grupos de personas con diferentes lenguas pudieran oír hablar a otros, y que todos conocieran y entendieran lo que decían sin un intérprete.

Yo digo que todos estos elementos del día de Pentecostés obviamente nunca se han repetido, porque en cada caso fueron aspectos externos. Hablar en lenguas, oír y entender son todos externos. Nunca se repitieron y no fue necesario que se repitieran.

> Si eres un ganador de almas, tendrás la capacidad de explicar la Palabra con sencillez.

He aquí la lógica del asunto. Si estos elementos fueran necesarios para la iglesia cristiana y para la perpetuación de los acontecimientos en Pentecostés, se considerarían básicos y fundamentales. Si eran indispensables para que la Iglesia tuviera luz, entonces la Iglesia debía haber dejado de existir el día que nació, o al menos cesar de existir con la muerte de los que estuvieron presentes.

Es evidente que estos aspectos externos no fueron esenciales. Sucedieron, y estuvieron presentes, pero fueron externos, secundarios, fueron elementos que pertenecieron a ese momento histórico particular.

Aspectos permanentes

Por otro lado, ¿que sucedió allí que no quedó en el pasado, lo que no desapareció con el sonido del viento, la visión del fuego en la frente, y las diecisiete lenguas comprensibles en aquella ocasión?

¿Cuál es el elemento eterno y permanente de Pentecostés? ¿Se entregó algo, se hizo un depósito? ¿Qué sucedió que fue interno, celestial, permanente y duradero?

A fin de descubrir cuál era ese elemento, debemos indagar lo que había sido prometido. Según Juan 14:16, Jesús dijo: "Y yo rogaré al Padre, y os dará otro Consolador, para que esté con vosotros para siempre".

En Juan 16:14, Jesús dijo: "Él me glorificará; porque tomará de lo mío, y os lo hará saber".

Cristo hecho real

Esta fue la promesa: Alguien vendría con la autoridad, el poder y la capacidad de hacer que Jesucristo sea real para los que creen.

Recuerda lo que sucedió cuando el Espíritu Santo vino y descendió sobre los que estaban reunidos: Pedro saltó y dijo que esos hombres no estaban ebrios, sino que algo maravilloso les había ocurrido, porque "a este Jesús a quienes vosotros crucificasteis, Dios le ha hecho Señor y Cristo" (Hch. 2:36). Pedro les dijo que aquello que veían y oían, ese derramamiento, era obra del Hombre sentado a la diestra de Dios, es decir, del Señor Jesucristo.

En Juan 16, Jesús también había dicho: "Yo os digo la verdad... os lo enviaré. Y cuando Él venga, convencerá al mundo de pecado" (vv. 7-8). La presencia del Espíritu Santo es la promesa para convencer a los pecadores de su pecado y revelar a Cristo a los creyentes.

El "poder para hacer"

Jesús había dicho: "quedaos vosotros en la ciudad de Jerusalén, hasta que seáis revestidos de poder desde lo alto" (Lc. 24:49b). Una definición de la palabra "poder" es la capacidad para hacer algo. Dado que es la palabra griega que da origen al término "dinamita", algunos hermanos tratan de hacer parecer que el Espíritu Santo es dinamita, olvidando que han invertido todo. La dinamita recibió su nombre de la palabra griega, y el Espíritu Santo y el poder de Dios no recibieron su nombre después de la dinamita. La dinamita fue descubierta hace menos de 200 años, pero esta palabra griega de la que se deriva la palabra "poder" se remonta a los tiempos de Cristo. Significa "la capacidad para hacer algo"; eso es todo, "la capacidad para hacer algo".

Si un hombre toma en sus manos un violín y lo único que sale de este son chirridos y ruidos estridentes, dicho hombre no tiene la capacidad de hacerlo. Otro hombre toma el violín y en un instante interpreta melodías hermosas y complejas. Un hombre entra en el cuadrilátero y no puede ni levantar sus manos. Otro entra y tiene el poder para hacer las cosas, y pronto el hombre que no lo tenía queda tendido sobre la lona.

El hombre que tiene la capacidad para hacer las cosas es el que gana. Esto significa la capacidad dinámica para llevar a cabo lo que se le ha encomendado. Recibirás esa capacidad. Vendrá sobre ti.

Si eres un ganador de almas, tendrás la capacidad de explicar la Palabra con sencillez.

Sea lo que sea que hagas en nombre de Dios, Él te da la capacidad para hacerlo. Él te da la capacidad para ser victorioso, vivir rectamente, poner los ojos en Jesús y vivir con el cielo en mente. Es la capacidad de hacer algo.

Estos son los hechos vitales, esenciales y eternos que tuvieron lugar en Pentecostés, que vinieron y han permanecido.

El viento, el fuego, y la apariencia de las cosas nunca se han replicado, hasta donde sé. Pero el Consolador vino. Él vino y los llenó. Él vino para permanecer en ellos. Él vino para hacer a Jesús real. Él vino para darles la capacidad moral interior para vivir en rectitud, la capacidad interior para hacer la obra de Dios. Eso permaneció, y sigue aquí. Si no lo tenemos, es porque nos han enseñado mal. Nos han infundido miedo. Algún maestro nos ha hecho temer esa verdad, o algún cristiano nos ha desanimado acerca del Espíritu Santo.

Estrategia satánica

Esta es una ilustración cruda, pero permíteme contarte lo que hicimos después de sembrar un campo de maíz cuando era joven en Pennsylvania. A fin de proteger el campo de maíz de los cuervos, disparábamos a un cuervo y lo colgábamos de las patas en la mitad del campo. Se suponía que esto ahuyentaba a todos los cuervos de los alrededores a kilómetros de distancia. Los cuervos se reunían y decían: "Miren, hay un campo de maíz, pero no se acerquen. ¡He visto allí un cuervo muerto!".

Esa es la clase de lección que propone Satanás, y es exactamente lo que ha hecho. Ha tomado algunos cristianos fanáticos, extravagantes, de mirada salvaje, que hacen lo indebido, y los ha puesto en medio del campo de maíz de Dios, y advierte: "No se acerquen a esa doctrina sobre el Espíritu Santo porque si lo hacen, se volverán como esos fanáticos de ojos desorbitados".

Puesto que ha habido una medida considerable de experiencias extrañas como esas, los hijos de Dios están atemorizados, y tan pronto se empieza a hablar de ello, salen en busca de refugio. Dicen: "No, ¡eso no es para mí! He visto cuervos muertos allá afuera en medio del campo".

Pues bien, mi hermano, yo no voy a huir atemorizado de la herencia que me corresponde. No voy a dejar que me infundan miedo acerca de mi herencia, solo porque otros no supieron qué hacer con el patrimonio que recibieron o encontraron algo más que nada tiene que ver con él. ¡Yo quiero todo lo que Dios tiene reservado para mí!

Quiero también señalar algo más aquí. Cuando Cristo nació, hubo muchas señales externas. No fueron de importancia vital ni definitiva. Cuando Cristo nació, los ángeles fueron notificados y vinieron, pero Él hubiera podido nacer con o sin ellos.

Cuando Cristo vino, nació en un pesebre y hubo toda clase de circunstancias externas, pero hay un gran hecho vital que nunca ha sido revertido. ¡Él nació! Él vino al mundo. Se hizo carne y habitó entre nosotros. Él vino, y se vistió de nuestra naturaleza humana, y la Palabra se hizo carne para redimir a la humanidad en la cruz.

Ese fue el hecho ocurrido, y permanece para siempre. Las otras circunstancias externas no son importantes. Son los aspectos internos los que importan. Miles de personas sintieron el poder salvador de Cristo, sin haber visto a los ángeles, y miles que nunca vieron a los sabios de oriente experimentaron su toque sanador.

> **Sea lo que sea que hagas en nombre de Dios, Él te da la capacidad para hacerlo.**

Considero, pues, que este es el significado eterno de Hechos 2: ¡Que el Consolador vino! La Deidad está en medio de nosotros. Dios se ha dado a Sí mismo a nosotros, la esencia de la Deidad. La Deidad ha sido derramada. "Así que, exaltado por la diestra de Dios, y habiendo recibido del Padre la promesa del Espíritu Santo, ha derramado esto que vosotros veis y oís" (Hch. 2:33).

Lo necesitamos más que nunca

Creo que nos encontramos en un momento decisivo en la vida y la historia de la iglesia. Si seguimos por el camino que hemos recorrido en los círculos fundamentalistas y evangélicos, todos los fundamentalistas serán liberales, y la mayoría de los liberales serán unitarios. Necesitamos desesperadamente un derramamiento del Espíritu Santo, y no puede venir mientras el pueblo de Dios se niegue a reconocer que hemos desaprovechado nuestra herencia.

Dios nos ha prometido una inspiración divina extraordinaria, un derramamiento, una invasión que nos llegará desde lo alto para gobernar. Viene con el propósito de ser en nosotros lo que nunca podemos ser por nosotros mismos. Si quisieras escribir sonetos comparables a los de Shakespeare, tendrías que tener el espíritu de Shakespeare. El intelecto de Shakespeare tendría que entrar en tu personalidad, porque si tú y yo intentáramos escribir "He de compararte a un día de verano", no pasaríamos de esa frase.

Si quisieras componer música como Johann Sebastian Bach, tendrías que tener el espíritu de Bach. Si quisieras ser un estadista como Gladstone, tendrías que poseer el espíritu de Gladstone.

Ahora, si vamos a reproducir a Cristo sobre la tierra y ser como Cristo, y demostrar a Cristo, ¿qué vamos a necesitar antes que nada?

¡Necesitamos tener el Espíritu de Cristo!

Si vamos a ser hijos de Dios, debemos tener el Espíritu del Padre que respire en nuestros corazones y respire a través de nosotros. Por eso debemos tener el Espíritu de Dios. Por eso la iglesia debe tener el Espíritu de Cristo.

La iglesia está llamada a vivir por encima de su propia capacidad. Está llamada a vivir en un plano tan elevado que ningún ser humano puede vivir de ese modo en su propia capacidad y fuerza. El cristiano más humilde está llamado a vivir un milagro, una vida moral y espiritual de tal intensidad y pureza que ningún ser humano puede lograrlo. Solo Jesucristo puede hacerlo. Él quiere que el Espíritu de Cristo venga sobre su pueblo. Esta inspiración divina de lo alto nos afecta mental, moral y espiritualmente.

Cómo prepararse para Él

¿Cómo debemos prepararnos para la obra de Dios en medio de nosotros por su Espíritu?

Creo que nos convendría detenernos y dejar todos nuestros afanes, buscar la quietud, adorar a Dios y esperar en Él. No me vuelvo muy popular cuando le recuerdo a las personas que somos un grupo de gente carnal, aunque sea cierto, que el cuerpo de cristianos es carnal. El pueblo del Señor debe ser santificado, puro, limpio. Pero somos una multitud carnal. Somos carnales en nuestras actitudes, en nuestros gustos y en muchas cosas. Con frecuencia, nuestros jóvenes son irreverentes en nuestros cultos. Se ha degradado tanto nuestro gusto religioso que nuestro culto cristiano es en gran medida exhibicionismo. Necesitamos con urgencia una visitación divina, ¡porque nuestra situación nunca se curará con sermones! Nunca sanará hasta que la Iglesia de Cristo sea confrontada de repente con lo que un hombre llamó el *mysterium tremendium*, el temible misterio de quién es Dios, la temible majestad que es Dios. Esto es lo que hace el Espíritu Santo. Él nos revela el misterio maravilloso de quién es Dios, y presenta al Señor al espíritu humano.

Cuando nos vemos confrontados con esto, nuestra irreverencia desaparece, al igual que nuestra carnalidad, y nuestras preferencias religiosas viciadas. Salen todas esas cosas y el alma, que queda sin palabras, se estremece hasta sus fibras más profundas. El Espíritu Santo nos confiere una bienaventuranza incomparable.

La iglesia está llamada a vivir por encima de su propia capacidad.

Nunca conoceremos más acerca de Dios que lo que nos enseña el Espíritu. Nunca conoceremos más acerca de Jesús que lo que el Espíritu nos enseña, porque solo hay un Espíritu que enseña. Oh, Espíritu Santo, ¡cuánto te hemos contristado! ¡Cuánto te hemos ofendido! ¡Cuánto te hemos rechazado!

Él es nuestro Maestro, y si Él no nos enseña, nunca podremos conocer. Él es nuestro Iluminador, y si Él no enciende la luz, nunca podremos ver. Él es el Sanador de nuestros oídos sordos, y si Él no toca nuestros oídos, nunca podremos oír. Las iglesias pueden funcionar durante semanas, meses y años sin saber nada de esto, sin que el Espíritu del Dios vivo haya descendido sobre ellos. ¡Oh, corazón mío, en quietud delante de Él póstrate, adórale!

Él está aquí en medio de nosotros

Esta es, pues, la buena nueva que tengo para ti: ¡la Deidad está presente! Pentecostés significa que la Deidad visitó la humanidad para entregarse a Sí misma al hombre, a fin de que el hombre pudiera llenarse de Él como se llenan de aire sus pulmones, para que Él pudiera llenar a los hombres. A. B. Simpson usó una ilustración que es la mejor que he escuchado. Él dijo: "Ser lleno de la llenura de Dios es como una botella en el océano. Si le quitas el corcho a la botella y la sumerges en el océano, tendrás una botella completamente llena del océano. La botella está en el océano, y el océano está en la botella. El océano contiene a la botella, pero la botella solo contiene una porción de océano. Lo mismo sucede con un cristiano".

Somos llenos de la plenitud de Dios, pero es evidente que no podemos contener a Dios porque Él nos contiene a nosotros. Aun así, podemos tener todo lo que de Dios somos capaces de contener. Si tan solo supiéramos esto, podríamos expandir el recipiente que somos. El recipiente se dilata a medida que caminamos con Dios. La Deidad está en medio de nosotros. Si un personaje célebre visita nuestra iglesia, los ujieres no sabrían qué hacer con tantas personas que asisten. Permítame decirle que tenemos al personaje más célebre en medio de nosotros. "Y de repente vino del cielo... Y fueron todos llenos del Espíritu Santo" (Hch. 2:2, 4). La Deidad descendió entre nosotros, y vino para quedarse. No vino para irse, ¡sino para quedarse!

Cuán vergonzoso es que ignoremos la presencia de la realeza. Tenemos una realeza más elevada que la terrenal. Tenemos al Señor de señores y al Rey de reyes. El bendito Espíritu Santo está presente en medio de nosotros, y lo tratamos como si estuviera ausente.

Lo resistimos, lo desobedecemos, lo apagamos y le damos un lugar secundario en nuestro corazón. Escuchamos un sermón acerca de Él y nos proponemos aprender más y ponerlo por obra. Nuestra convicción se desvanece, y pronto volvemos al mismo nivel muerto en el que nos encontrábamos antes. Resistimos al bendito Consejero. Él ha venido para consolarnos. Él ha venido para enseñar. Él es el Espíritu de instrucción. Ha venido a traer luz, porque Él es el Espíritu de luz. Viene a traer pureza, porque Él es el Espíritu de santidad. Viene a traer poder, porque Él es el Espíritu de poder.

Él viene a traer todas esas bendiciones a nuestro corazón, y quiere que tengamos esa clase de experiencia. Él no pregunta cuál es nuestro trasfondo denominacional. Él no nos pregunta si somos arminianos o calvinistas. Nada nos pide sino que estemos dispuestos a obedecer, dispuestos a escuchar, y dispuestos a dejar de desobedecer.

¿Estás dispuesto a dejar de apagar al Espíritu? ¿Estás dispuesto a dejar de resistir al Espíritu?

Él solo te pide que levantes tus manos como señal de que

te rindes, y que digas: "Creo que la Deidad está presente". Recibe al Espíritu Santo y deja que venga y llene tu vida.

¿Eso es todo? Tal vez no suene tan espectacular y extravagante como te han enseñado que debería ser, pero sí, eso es. El Espíritu Santo vino, y Él sigue aquí. Lo único que quiere es que nos rindamos, obedezcamos, abramos nuestros corazones, y Él entrará de repente, ¡y nuestra vida será transformada y cambiada!

5

La llenura prometida del Espíritu Santo: Instantánea, no gradual

Y nosotros somos testigos suyos de estas cosas, y también el Espíritu Santo, el cual ha dado Dios a los que le obedecen.

<small>Hechos 5:32</small>

Pues si vosotros, siendo malos, sabéis dar buenas dádivas a vuestros hijos, ¿cuánto más vuestro Padre celestial dará el Espíritu Santo a los que lo pidan?

<small>Lucas 11:13</small>

Esto solo quiero saber de vosotros: ¿Recibisteis el Espíritu por las obras de la ley, o por el oír con fe? ¿Tan necios sois? ¿Habiendo comenzado en el Espíritu, ahora vais a acabar por la carne?

<small>Gálatas 3:2-3</small>

Hay muchas personas en nuestras iglesias a quienes les gustaría pensar que están llenas del Espíritu Santo sin saberlo.

Esto es algo espantoso, y estoy seguro de que es una de las actitudes que Satanás usa para oponerse a la doctrina de una auténtica vida llena del Espíritu. Y a pesar de todo, nuestro pueblo no quiere escuchar mucho al respecto.

Permíteme decirte que no encuentro en el Antiguo Testamento ni el Nuevo, ni en ninguna biografía cristiana, ni en testimonios cristianos personales o en la historia de la iglesia, la experiencia de una persona que haya sido llena del Espíritu Santo sin ser consciente de ello.

Puede que yo sea dogmático en esto, pero me he basado en un estudio profundo: ¡nadie ha sido jamás lleno del Espíritu sin saber que había sido lleno del Espíritu! Además, nadie en la Biblia, y nadie en la historia o en las biografías de la Iglesia ha sido jamás lleno del Espíritu sin saber cuándo fue lleno. No puedo encontrar a alguien que haya sido lleno de manera gradual.

Ahora bien, como he dicho, Satanás se opone a la doctrina de la vida llena del Espíritu con tanta vehemencia como lo ha hecho con toda doctrina. La ha confundido, la ha resistido, la ha rodeado de nociones falsas y de miedos. El diablo sabe que, si nada más decimos que queremos ser llenos gradualmente, no tendrá que preocuparse por nosotros, porque ese proceso es demasiado lento. Puede que te animes diciendo: "Bueno, hoy estoy un poco más lleno de lo que estaba ayer", o al menos "Estoy un poco más lleno este año de lo que estuve el año pasado".

Este es un lugar donde se esconden las criaturas carnales. Es un lugar donde se ocultan los miembros carnales de la iglesia. En las Escrituras nunca se habla de una llenura gradual. Dice que descendió sobre ellos, que vino sobre ellos, que los llenó, y fue en un acto instantáneo.

Puede que digas: "Bueno, ¡yo voy a ser lleno gradualmente!". Mi respuesta, hermano, es que no va a ser así. Vas a ser lleno en un momento específico, o no vas a ser lleno, ¡puedes estar seguro de eso!

Deberíamos enseñar con toda claridad que Satanás ha bloqueado todo intento de la Iglesia de Cristo por recibir del Padre su patrimonio divino, comprado con la sangre de Cristo, que es la llenura del Espíritu Santo para su Iglesia, la realidad que Él ha de llenar a los individuos que componen su Iglesia.

> **Los cristianos llenos del Espíritu Santo son gente cambiada.**

Si realmente queremos seguir al Señor en serio, llegaremos a la conclusión de que ese fue su plan, y parte de lo que Él compró con la sangre de Cristo, que Él llenaría a todos los que invocan el nombre de Jesús. No hay nada acerca de la vida llena del Espíritu que sea anormal, adicional, extraño o raro. De hecho, ¡es como los cristianos deberían ser!

Asuntos que deben ponerse en orden

Hay algunos asuntos que deben ponerse en orden en nuestro ser antes de pasar a la pregunta de cómo ser llenos del Espíritu de Dios.

¿Estás seguro de que *puedes* ser lleno?

En primer lugar, antes de ser lleno del Espíritu, debes estar seguro, absolutamente convencido, de que puedes ser lleno.

Si tienes alguna duda, si alguien ha sembrado en tu mente una sospecha doctrinal y te dejó la impresión de que ya has recibido todo lo que Dios tiene para ti el día que recibiste a Cristo como Salvador, nunca avanzarás hacia la plenitud.

Ahora, a estas alturas yo creo en un realismo completo, un realismo agudo y aterrizado. No todo el que me escucha va a ser lleno del Espíritu. Algunos van a ser llenos, porque de cuando en vez aparece alguien con un rostro brillante, y dice: "¡Vaya, sucedió! ¡Dios lo hizo!". A partir de ese momento, esa vida es transformada. Los cristianos llenos del Espíritu Santo son gente cambiada.

A menos que estés convencido de esto, te recomiendo que todavía no hagas nada al respecto. Preferiría que te pusieras a meditar en las Escrituras, que leas la Palabra y veas por ti mismo lo que Dios el Señor ha hablado.

¿Realmente *quieres* ser lleno?

Este es el segundo interrogante que debe definirse primero: debes estar seguro de que deseas ser lleno.

Alguien dirá: "¿Acaso no todo el mundo desea ser lleno?". La respuesta es "No". Supongo que muchos desean ser plenos, pero no muchos desean ser llenos. Quiero declarar, y asumo toda la responsabilidad por afirmarlo, que antes de que puedas ser lleno del Espíritu, debes desear serlo, y que algunas personas no desean ser llenas.

Por ejemplo, ¿estás seguro de que estás dispuesto a que un espíritu se apodere de ti? Estoy seguro de que has hablado de la posesión de espíritus malignos, pero hay dos clases de posesión espiritual. Por un lado, existe la posesión de espíritus malignos, cuando la personalidad humana puede ser completamente invadida, como en los días de Jesús, y volverse impura, muda, o malvada. Jesús echó fuera espíritus como estos, pero eran espíritus, y poseían la personalidad humana.

Las Escrituras dejan claro que el Espíritu Santo, que es bueno y manso, quiere llenarnos y poseernos si somos cristianos. Este Espíritu es como Jesús. ¿Quieres ser poseído por un Espíritu que es como Jesús, un Espíritu puro, manso, sensato, sabio y amoroso? Eso es exactamente lo que Él es.

El Espíritu Santo es puro, porque Él es el Espíritu Santo. Es sabio, porque Él es el Espíritu de sabiduría. Él es verdad, porque es el Espíritu de verdad. Él es como Jesús, porque Él es el Espíritu de Cristo. Él es como el Padre, porque Él es el Espíritu del Padre. Él quiere ser Señor de tu vida, y Él quiere tomar posesión de tu vida para que ya no estés más al mando de tu pequeña embarcación. Puedes ser un pasajero a bordo, o parte de la tripulación, pero definitivamente no vas a estar a cargo. Alguien más va a ser capitán de la embarcación.

Ahora, la razón por la cual rehusamos que sea así es porque hemos nacido de la carne corrompida de Adán. Queremos ser dueños de nuestra vida. Por eso pregunto: ¿estás seguro de que quieres que el bendito Espíritu del Padre y del Hijo te posea? ¿Estás preparado y dispuesto para que tu personalidad asuma el mando de alguien como Él?

Algo que Él espera es obediencia a la Palabra de Dios. Sin embargo, nuestro problema humano es que nos gustaría ser llenos del Espíritu y, al mismo tiempo, seguir por la vida haciendo lo que nos place. El Espíritu Santo que inspiró las Escrituras espera obediencia a las Escrituras, y si no obedecemos las Escrituras, lo apagamos. Este Espíritu pide obediencia, pero las personas no quieren obedecer al Señor. Todo el mundo está tan lleno como desea serlo. Cada persona tiene tanto de Dios como desea tener. Hay un impulso fugitivo que nos sobreviene, a pesar de lo que pedimos cuando oramos en público, o incluso en privado. Queremos la emoción de ser llenos, pero no queremos cumplir con los requisitos. No anhelamos la llenura con ansias suficientes para recibirla.

Tomemos un costoso auto Cadillac como ilustración. Al hermano Juan le encantaría conducir un Cadillac. Pero no va a comprarse uno, y le diré por qué: su deseo de comprar uno no es tan grande como para que esté dispuesto a pagar por él. Él lo quiere, pero no lo quiere con esa intensidad, de modo que va a seguir conduciendo su viejo Chevrolet.

> **El Espíritu Santo espera obediencia a la Palabra de Dios.**

Ahora bien, nosotros queremos ser llenos, llenos del Espíritu. Sin embargo, no tenemos esa clase de deseo extremo, de modo que nos conformamos con menos. Sí, decimos: "Señor, me gustaría ser lleno, ¡sería maravilloso!", pero no estamos dispuestos a proseguir con el cumplimiento de sus términos. No queremos pagar el precio. El Espíritu Santo espera obediencia a la Palabra de Dios.

Además, el Espíritu Santo tampoco tolerará los pecados del yo. ¿Cuáles son los pecados del yo? Empiezan con el amor de sí mismo, y la mayoría de nosotros debemos admitir que lo cultivamos. Vamos a la escuela y allí aprendemos a exhibirnos y a alardear. Dios Espíritu Santo nunca permitirá que un cristiano lleno del Espíritu se comporte de esa manera. Él es el Espíritu que trae humildad al corazón, y esa humildad será evidente o Él será apagado y contristado.

También existe el pecado de la confianza en sí mismo.

Estamos muy seguros de que podemos hacer todo muy bien en nuestra propia fuerza, y el Espíritu Santo quiere destruir esa clase de dependencia de sí mismo. Puede que seas un hombre de negocios cristiano, tomas todas las decisiones, compras y vendes en grandes cantidades. Vas a casa y mandas en tu casa y en tu familia. Pero hay algo que no puedes gobernar, hermano: no gobernarás tu vida después de que el Espíritu Santo tenga el control. Cederás el mando, y el Espíritu Santo te guiará y dirigirá, y controlará tu vida, de la misma manera que tú manejas tu negocio. No podrás dar órdenes al Espíritu Santo. Ese es nuestro problema: somos dictadores, llenos de confianza en nosotros mismos.

Debemos recordar que también estamos llenos de nuestra propia justicia.

¿No es alarmante que los cristianos puedan insistir en mentir a Dios? ¿Acaso no decimos "mas yo soy gusano, y no hombre" (Sal. 22:6)? ¿No nos ponemos de rodillas y decimos "yo sé que en mí, esto es, en mi carne, no mora el bien" (Ro. 7:18)? Pero si alguien nos llama mentirosos, nuestro rostro enrojecería y preguntaríamos: "¿Qué quiere decir?". Decimos que somos malos, ¡pero en realidad no lo creemos! Dios quiere sacar todo eso de nosotros, amigo mío. Él quiere sacar de nosotros la justicia de Adán y, a cambio, poner otra clase de justicia en nuestro interior.

Él quisiera quitar de nuestro ser la justicia propia y todos los demás pecados del yo, tales como la autocomplacencia y el engrandecimiento de sí mismo. Tienes que estar seguro en tu propio interior si realmente quieres se tratado de esa manera. ¿Estás seguro de que quieres ser lleno y poseído por esa clase de Espíritu? Si no deseas serlo, por supuesto que no puedes serlo. Dios, por medio de su Santo Espíritu, será un caballero, y no vendrá donde no es bien recibido.

Una vez más, pregunto: ¿Quieres ser lleno del Espíritu

con tantas ansias que estás dispuesto a abandonar los métodos fáciles y deshonestos del mundo y asumir la dura vida del cristiano?

Dios deseará tu testimonio solo para Él. Él asumirá por completo la dirección de tu vida y se reservará el derecho de probarte, disciplinarte, y despojarte de muchas cosas que amas.

Él insistirá en que vivas en absoluta sinceridad, si has de ser lleno del Espíritu. ¿Puede un creyente rebajar sus impuestos por ingresos, y luego sonreír y pensar que se saldrá con la suya? No, mi hermano, no vas a salirte con la tuya en nada. Simplemente vas a experimentar fugas, tu espíritu experimenta fugas y tu alma tiene escape. Ponemos algo en bolsas con agujeros, y el tesoro se escapa. El Espíritu Santo no permitirá negocios turbios, y no permitirá atajos.

Asimismo, insistirá en que tus días de jactancia han llegado a su fin. Dios nunca me permitió jactarme acerca de un alma convertida. Aquellas de las cuales presumí siempre retrocedieron, según he notado. Cada vez que me jacté acerca de una multitud que me escuchaba, siempre se dispersaba. Ahora doy gracias a Dios por esto, porque si empiezo a jactarme siquiera un poco, el Señor me doblega, y es así precisamente como quiero que se mantenga.

Permíteme advertirte acerca de la filosofía que tanto abunda en los círculos cristianos según la cual "tengo a Dios ¡y también todo esto!". En este siglo veinte de la civilización occidental somos ricos y acomodados. En realidad, no sabemos lo que es ser pobre, y no sabemos lo que es sufrir. Pero yo veo en el Nuevo Testamento que los creyentes tenían a Dios, y usualmente poco tenían aparte de Él. En muchos casos tuvieron que despojarse de lo que tenían por causa de Cristo. En la iglesia primitiva, nuestros padres sabían lo que era el sufrimiento y la pérdida. Ellos pagaron el precio, y nosotros rehusamos pagarlo.

Leemos libros acerca de la llenura del Espíritu, pero no cumplimos con las condiciones. Estamos tan llenos como deseamos serlo. Las Escrituras dicen: "Bienaventurados los que tienen hambre y sed de justicia, porque ellos serán saciados" (Mt. 5:6). Ahora, si hay un hombre en alguna parte que está hambriento de Dios y no está lleno, entonces la Palabra de Dios tiene un problema. Estamos tan llenos como queremos estarlo.

¿Realmente *necesitas* ser lleno?

Hay otro asunto que debe definirse: debes estar seguro de que necesitas ser lleno del Espíritu.

¿Por qué te interesa este tema? Has recibido a Jesús, te has convertido y tus pecados han sido perdonados. Has tomado algún curso de Nuevo Testamento. Sabes que tienes vida eterna y que ningún hombre te puede arrebatar de la mano de Dios. Entre tanto, la estás pasando en grande de camino al cielo.

¿Estás seguro de que no puedes seguir como vas? ¿Sientes que no puedes resistir más el desaliento? ¿Sientes que ya no puedes obedecer a las Escrituras, entender la verdad, llevar fruto y vivir en victoria sin una medida más grande del Espíritu Santo de la que conoces en este momento?

Si no has logrado llegar allí, no sé si haya algo más que yo pueda hacer. Desearía que fuera así. Desearía poder quitar lo que llevas sobre la cabeza y derramar sobre ti el santo aceite de Dios, pero no puedo. Solo puedo hacer lo que hizo Juan el Bautista cuando señaló a Jesús y dijo: "He aquí el Cordero de Dios, que quita el pecado del mundo" (Jn. 1:29). Y luego Juan desapareció de la escena. Después de eso, cada cual era responsable de su propia búsqueda. Cada cual tenía que acudir al Señor Jesucristo y recibir la ayuda de Cristo por sí solo.

Ningún hombre me puede llenar, y ningún hombre te puede llenar a ti. Podemos orar los unos por los otros, pero yo no puedo llenarte, y tú no puedes llenarme. En tu vida, este anhelo de ser lleno debe volverse vehemente. Si hay algo en tu vida que es más grande que tu deseo de ser un cristiano lleno del Espíritu, nunca serás un cristiano lleno del Espíritu hasta que esto se haya resuelto. Si hay algo en tu vida más apremiante que tu anhelo de Dios, nunca serás un cristiano lleno del Espíritu.

He conocido cristianos que han estado esperando para ser llenos, de una manera difusa, durante muchos años. La razón por la cual no han sido llenos con el Espíritu es porque hay otras cosas que anhelan más. Dios no entra de repente en un corazón humano a menos que sepa que Él es la respuesta, y el cumplimiento del anhelo más profundo e intenso de esa vida.

> **Si hay algo en tu vida más apremiante que tu anhelo de Dios, nunca serás un cristiano lleno del Espíritu.**

Consideremos ahora el hecho de que nadie ha sido jamás lleno del Espíritu sin antes haber experimentado un período de turbación y ansiedad. Podemos verificar esto en el relato bíblico, en épocas posteriores a la Biblia, en la historia de la Iglesia y en los relatos biográficos de la experiencia personal de muchos cristianos. Creo que coinciden en que nadie ha sido jamás lleno del Espíritu sin antes haber experimentado un período de turbación y ansiedad.

El pueblo de Dios es como los niños pequeños, simplemente

quieren ser felices. Quieren que el Señor les dé un sonajero y los deje reír y ser felices. Van a serlo de todas maneras, pero los felices niñitos de Dios rara vez son llenos del Espíritu Santo. Dios no puede llenarlos porque no están preparados para morir a las cosas en las que han puesto sus propios valores. Dios quiere que sus hijos sean alegres, pero no se trata de la felicidad barata de la carne, ¡sino del gozo del Cristo resucitado!

En términos generales, parece cierto que un cristiano que no ha sido lleno del Espíritu desde su conversión no ha experimentado el verdadero gozo cristiano. Sé que esta fue mi experiencia. Me sentí muy gozoso cuando recién me convertí. Era un cristiano feliz. Pero si esta es la felicidad que es mitad carnal y animal, Dios deseará librarte de ella. Ser lleno del Espíritu Santo supone haber superado sentimientos, turbación, ansiedad, desilusión, y vacío. Cuando se llega a ese grado de desesperación, cuando has acudido a la última persona disponible y has escrito al último editor, cuando has seguido por doquier al último evangelista y acudido al último consejero, cuando ningún hombre puede ayudarte más y te encuentras en un estado interior de desesperanza, es allí cuando reconoces que te acercas al lugar donde Dios puede al fin hacer lo que Él quiere hacer por ti. Cuando se llega a este estado de desesperación consigo mismo, cuando has agotado por completo tus recursos y experimentas esa soledad interior, te estás acercando.

¡Yo creo que Dios quiere llevarnos al punto de sentirnos felices aun si lo tuviéramos solo a Él! No necesitamos algo más aparte de Dios. Él sí se da a Sí mismo a nosotros, y también nos deja tener otras cosas. Sin embargo, esa soledad interior está presente hasta que llegamos al punto de anhelar a Dios y nada más que Él.

La mayoría de nosotros somos demasiado sociables para tolerar la soledad. Cuando nos sentimos solos, corremos al teléfono y llamamos a alguien para hablar puro blablablá. Y así gastamos treinta minutos y se queman los panes en el horno. Con muchas personas es hablar, hablar y hablar, y corremos en busca de vida social porque no soportamos estar solos.

Si vas en pos de conocer al Señor, verás que en algún momento de tu vida cristiana esas conversaciones vanas son una plaga en lugar de un consuelo. No te servirán de nada. No te traerán provecho alguno. Estar a solas con Dios será un anhelo tan grande para ti que te sentirás desdichado. Eso significa que te estás acercando, amigo. Estás cerca del reino, y si tan solo sigues adelante, encontrarás a Dios. Él te recibirá y te llenará, y lo hará de la manera maravillosa y bendecida como Él sabe hacerlo.

Ahora bien, ten en cuenta que ese estado de turbación, ansiedad, desilusión y tinieblas no hacen a nadie "merecedor" del Espíritu Santo. El Espíritu Santo es un don, un don del Padre para sus hijos. Él es un don del costado herido de Jesús para sus hijos. Esta desesperación y ansiedad no te hacen merecedor del Espíritu; lo que hacen es arar tu campo baldío y desocupar la vasija humana. No puedes ser lleno a menos que primero hayas sido vaciado. La ansiedad y la desesperación vienen porque ya estás demasiado lleno de otras cosas. Después de que has sido vaciado de ellas, el bendito Espíritu Santo tiene la oportunidad de entrar. Moody acostumbraba tomar un vaso vacío, lo llenaba de agua y preguntaba: "¿Cómo puedo llenar este vaso con leche?". Entonces vaciaba el contenido en otro como ilustración, porque debemos primero vaciarnos y desprendernos de los afanes banales de la vida.

¿Pido demasiado como predicador cuando digo que la mayoría de nosotros estamos demasiado enredados en las trivialidades de la vida? Estamos tan ocupados ganándonos la vida que podemos morir de una falla en la vesícula biliar o de un ataque cardiaco. Nos afanamos por mantener nuestras ventas en aumento y nuestros negocios en marcha. Somos cristianos, entonces queremos que el Señor tenga listo el carro y que nos lleve al hogar celestial, mientras nosotros nos afanamos y nos matamos antes de tiempo. ¡Así pensamos!

> Dios quiere que sus hijos sean alegres, pero no se trata de la felicidad barata de la carne, ¡sino del gozo del Cristo resucitado!

Hermanos, ¿les parece demasiado severo? ¿Estoy pidiendo demasiado? No lo creo, porque yo soy más bien frío comparado con lo que debería ser. Estoy lejos de ser tan exigente como Finney o Juan Wesley, o muchos otros grandes predicadores cuyos llamados Dios bendijo y honró.

Cómo ser lleno

Pues bien, estos son los requisitos que debemos cumplir, y realmente son parte de la respuesta a la pregunta de tantos: "¿Cómo puedo ser lleno del Espíritu Santo de Dios?".

Presentaré cuatro pasajes bíblicos acerca de cómo ser lleno del Espíritu Santo, y ni un arcángel del cielo podría hacer algo más aparte de señalarte el pasaje y decir: "¡Cree la Palabra de Dios!".

Presenta tu vasija

Así que, hermanos, os ruego por las misericordias de Dios, que presentéis vuestros cuerpos en sacrificio vivo, santo, agradable a Dios, que es vuestro culto racional. No os conforméis a este siglo, sino transformaos por medio de la renovación de vuestro entendimiento, para que comprobéis cuál sea la buena voluntad de Dios, agradable y perfecta (Ro. 12:1-2).

"Presenta tu cuerpo...", es decir, presenta tu vasija. Esto va primero. Una vasija que no se presenta no puede ser llena. Dios no puede llenar lo que no tiene a su disposición. Presenta tu vasija.

Creo que Dios quiere que seamos inteligentes. Él quiere que nos presentemos ante Él. Si estás frente a una fila de alimentación en un país pobre, y te quedas atrás y no presentas tu taza, no obtendrás leche. Y si no presentas tu plato o tu canasta, no recibirás pan.

Si no presentas tu ser, no recibirás la llenura del Espíritu de Dios.

¿Estás listo para presentar tu cuerpo con todas sus funciones y todo lo que contiene, tu mente, tu personalidad, tu espíritu, tu amor, tus ambiciones, tu todo? Esto es lo primero. Puede ser un acto sencillo presentar el cuerpo. ¿Estás dispuesto a hacerlo?

Debes pedir

En Lucas 11:11-12, Jesús dijo: "¿Qué padre de vosotros, si su hijo le pide pan, le dará una piedra? ¿o si pescado, en lugar de pescado, le dará una serpiente? ¿o si le pide un huevo, le dará un escorpión?".

La respuesta, por supuesto, a cada una de estas preguntas es "no". Entonces Jesús saca su conclusión: "Pues si vosotros, siendo malos, sabéis dar buenas dádivas a vuestros hijos, ¿cuánto más vuestro Padre celestial dará el Espíritu Santo a los que se lo pidan?" (Lc. 11:13).

El pueblo de Dios en todo el mundo ha aprovechado este ofrecimiento de su gracia. Han creído en Él, le han pedido y han sido llenos. "¿Cuánto más vuestro Padre celestial dará el Espíritu Santo a los que se lo pidan?" (Lc. 11:13). Así que pides. Primero presentas tu vasija, y luego pides. Esto es perfectamente lógico y claro. Yo desecho todas las objeciones teológicas a este pasaje. Hay quienes dicen que no es para nuestros días.

Permíteme preguntarles por qué el Señor nos dejó esta promesa en la Biblia. ¿Por qué no la puso en otro lugar? ¿Por qué la puso donde yo podía verla si no quería que yo la creyera? Pues está a nuestra disposición, y si el Señor lo quisiera, podría dármela sin pedir, pero Él prefiere que pidamos. "Pídeme, y te daré" (Sal. 2:8). Esta es la orden divina. Entonces, ¿por qué no pedir?

Debes estar dispuesto a obedecer

Hechos 5:32 señala: "Y nosotros somos testigos suyos de estas cosas, y también el Espíritu Santo, el cual ha dado Dios a los que le obedecen".

El Espíritu de Dios no puede dar su bendición a un hijo desobediente. El Padre no puede llenar a un hijo desobediente con el Espíritu Santo. Dios da su Espíritu Santo a los que le obedecen, a los que son obedientes a la Palabra, obedientes al Espíritu, obedientes al Señor resucitado. ¿Estás dispuesto a obedecer y a hacer lo que se te pide? ¿Qué puede ser esto? Simplemente vivir conforme a las Escrituras según las comprendes. Esto es sencillo pero revolucionario.

Debes tener fe en Dios

"Esto solo quiero saber de vosotros: ¿Recibisteis el Espíritu por las obras de la ley, o por el oír con fe?" (Gá. 3:2).

Por supuesto que la respuesta es: por el oír con fe.

Él dijo: "¿Tan necios sois? ¿Habiendo comenzado por el Espíritu, ahora vais a acabar por la carne?" (3:3). No eres lleno del Espíritu Santo por guardar la ley. Eres lleno del Espíritu Santo por la fe y la obediencia a tu Señor. Me refiero a que Él viene y llena por completo nuestro cuerpo, nuestra mente, nuestra vida y nuestro ser, que ocupa toda nuestra personalidad, adueñándose amorosamente de ella, a fin de que podamos ser morada de Dios en el Espíritu.

Recapitulemos ahora lo que hemos dicho. Cada cristiano tiene una medida del Espíritu Santo, y esto es indiscutible. "Si alguno no tiene el Espíritu de Cristo, no es de Él" (Ro. 8:9), así que Él nos ha dado un depósito del Espíritu Santo.

> El Espíritu de Dios no puede dar su bendición a un hijo desobediente.

Hemos meditado en la llenura y la plenitud y la unción del Espíritu Santo. La palabra "unción" es lo que quiero subrayar en este momento. La unción no es un proceso gradual. "Ungir" es un término del Antiguo Testamento y un acto que se lleva a cabo derramando aceite sobre la cabeza de un individuo. Cuando se derramaba aceite sobre la cabeza de alguien, no era un proceso gradual.

Cuando ungían a alguien, inclinaban el recipiente y derramaban el aceite, y descendía desde la cabeza hasta el borde de las vestiduras. Todas las personas a varios metros a la redonda sabían qué clase de aceite se había derramado sobre esa persona, porque se usaban aceites aromáticos de incienso, mirra, áloes, casia y canela. Perfumaba todo a su alrededor con una fragancia exquisita, y no sucedía gradualmente. Sucedía de manera inmediata. El problema es que no queremos pasar por la experiencia de ser llenos del Espíritu. Queremos ser bendecidos, ir al cielo, llevar una corona y gobernar sobre cinco ciudades.

No queremos llegar a ese lugar donde el Señor nos poda y nos labra. ¡No queremos eso! Por eso somos las personas débiles que somos en la actualidad. El pueblo de Dios quiere que Jesús se encargue de todo lo que tiene que ver con muerte, y ellos de todo lo que es divertido.

¡Tal vez nuestra más grande vergüenza sea que no queremos saber lo que realmente significa la cruz!

Oh, cruz, que levantas mi cabeza,
*   no intentaré huir de ti;*
desde el polvo muero a la mundanal gloria,
y desde el polvo, germina carmesí,
*   la vida que no conoce fin.*[1]

---

1. Albert L. Peace, "O Love That Wilt Not Let Me Go", *Hymns of the Christian Life* (Camp Hill, PA: Christian Publications, 1978), # 181, cuarta estrofa.

6

¿TIENES TODO LO QUE DIOS QUIERE DARTE?

He aquí, yo enviaré la promesa de mi Padre sobre
vosotros; pero quedaos vosotros en la ciudad de Jerusalén,
hasta que seáis investidos de poder desde lo alto.

LUCAS 24:49

Porque Juan ciertamente bautizó con agua, mas vosotros seréis
bautizados con el Espíritu Santo dentro de no muchos días.

HECHOS 1:5

A mi parecer, los creyentes que componen la membresía de nuestras iglesias cristianas evangélicas deberían llevar una vida fructífera y feliz, llena del Espíritu Santo.

Si dedicas el tiempo necesario a escudriñar las Escrituras con un corazón sincero y abierto, llegarás a la convicción de que el gozo, la fructificación, la paz, la bendición y el contentamiento hacen parte de lo que el Espíritu Santo desea manifestar en y a través de la vida rendida del creyente.

Debo decir que soy consciente de que algunos afirman

que he confundido a las personas acerca de la bendición del Espíritu Santo, y como respuesta quisiera señalar que, si el pueblo de Dios estuviera dispuesto al menos en parte a ser lleno del Espíritu, la iglesia estaría repleta.

Nunca he intentado forzar a las personas a experimentar la obra de Dios por mi mera elocuencia, porque si yo no enseñara conforme a la verdad que se encuentra en la Biblia, estaría equivocado sin importar cuán elocuente procure ser.

Sin embargo, en estos asuntos, yo mismo he dedicado mucho tiempo a la Palabra de Dios, y puedo hablar con mucha autoridad porque he recorrido el camino y sé de lo que estoy hablando. Aun así, nunca intentaría presionar a un hijo de Dios a conocer o experimentar nada, porque he descubierto que tratamos de empujar las cosas demasiado y demasiado pronto. Lo que esto produce es hijos de Dios prematuros y, como resultado, vemos muchas monstruosidades en vez de santos. ¡Yo no quiero hacer eso!

Solo puedo preguntarme cómo es posible que haya cristianos que viven y siguen viviendo sin preocuparse porque, en efecto, carecen de las bendiciones y los dones prometidos por un Padre celestial amoroso.

Como creyente, ¿acaso no debería afectar mi vida y mi actitud, y la vida misma de mi iglesia, la promesa de Dios Padre de dar a sus hijos el don del Espíritu?

En Lucas 11:13 estoy seguro de que Dios tenía en mente el amor que tenemos por nuestros hijos cuando dijo: "Pues si vosotros, siendo malos, sabéis dar buenas dádivas a vuestros hijos, ¿cuánto más vuestro Padre celestial dará el Espíritu Santo a los que se lo pidan?".

Nada hay que temer

Creo que cuando Dios afirma que el Espíritu es la promesa del Padre, quiere mostrarnos que no debemos temer al Espíritu Santo. Digo esto porque he descubierto que es muy difícil lograr que los cristianos superen su miedo al Espíritu Santo. Recuerda nada más que Él nos ha sido dado como el don prometido del Padre. Si un hombre promete a su hijo una linda bicicleta para Navidad, es indudable que el hijo nunca tendrá miedo de la promesa que le hizo un padre que lo ama y quiere darle lo mejor.

Los miembros de la Iglesia redimida deberían tener un vínculo entrañable de amor con el Espíritu Santo. La verdad es que Dios nunca ha obrado como Padre de su Iglesia aparte del Espíritu Santo. Debemos ser ungidos con el Espíritu. Somos guiados por el Espíritu. Somos enseñados por el Espíritu. El Espíritu, por consiguiente, es la atmósfera o la emulsión divina en la que Dios sostiene a su Iglesia.

La Biblia señala claramente que Dios nunca soñó en sus hijos aparte del Espíritu Santo. De hecho, Él les hizo muchas promesas basado en la venida del Espíritu.

Veamos algunas de las promesas que Él hizo. En Isaías 32:15-17, Él dijo:

> Hasta que sobre nosotros sea derramado el Espíritu
> de lo alto, y el desierto se convierta en campo fértil, y
> el campo fértil sea estimado por bosque. Y habitará
> el juicio en el desierto, y en el campo fértil morará la
> justicia. Y el efecto de la justicia será paz; y la labor de
> la justicia, reposo y seguridad para siempre.

Más adelante, en Isaías 44:3, Él dice:

Porque yo derramaré aguas sobre el sequedal, y ríos sobre la tierra árida; mi Espíritu derramaré sobre tu generación, y mi bendición sobre tus renuevos.

También encontramos el pasaje de Joel 2:28-29:

Y después de esto derramaré mi Espíritu sobre toda carne, y profetizarán vuestros hijos y vuestras hijas; vuestros ancianos soñarán sueños, y vuestros jóvenes verán visiones. Y también sobre los siervos y sobre las siervas derramaré mi Espíritu en aquellos días.

Estas fueron las palabras del Padre, y Jesús las interpretó y las llamó "la promesa del Padre" (Hch. 1:4). Permíteme decir que cada vez que lees acerca de Jesús, nuestro Señor, interpretando el Antiguo Testamento, debes acogerte a su interpretación. No te apoyes demasiado en las interpretaciones de los hombres, porque pueden estar equivocados. Nuestro Señor, Jesucristo hombre, nunca se equivocó, y Él llamó a esto "la promesa del Padre".

Me preocupa cualquier cosa que frene al pueblo de Dios y le impida experimentar la plenitud de los privilegios de la vida cristiana.

Recuerda que en Lucas 24:49 Jesús dijo: "Yo enviaré la promesa de mi Padre sobre vosotros; pero quedaos... hasta que seáis investidos de poder desde lo alto". Yo veo que Jesús también interpretó esto en los capítulos 14, 15 y 16 del Evangelio de

Juan, cuando habló acerca del Espíritu Santo y de su venida a la Iglesia.

Los tres períodos

Debo señalar aquí que, al leer los Evangelios, el libro de Hechos y las Epístolas, podemos discernir fácilmente tres períodos que atañen al Espíritu Santo y su obra en la Iglesia.

La promesa

Primero es lo que podemos denominar *el período de la promesa*, desde Juan el Bautista hasta la resurrección de Cristo. En este período de tres años, los discípulos fueron llamados, enviados y enseñados en el mejor seminario bíblico del mundo, ¡porque no existe ninguno que se le compare y donde Jesús sea el profesorado completo! Ellos no obtuvieron un diploma que pudieran enmarcar y poner en la pared, pero sí tenían uno en su interior, y amaron a Cristo, nuestro Señor. Lo amaron en vida, lo amaron en su muerte, y lo amaron resucitado.

Ahora bien, en ese tiempo solo tenían una promesa. Jesús les había dicho y les había enseñado que existía una clase de vida que ellos iban a experimentar; no en sentido poético, psíquico, ni físico.

Iba a ser una inspiración divina procedente de lo alto. Algo que vendría a ellos desde un mundo más allá, por encima de los límites de su ser, al *lugar más sagrado*, a lo más íntimo de su espíritu. El Consejero viviría allí y les enseñaría, los guiaría, los haría santos y les daría poder.

¡Jesús enseñó todo esto hasta el final!

Cuando se acercaba el final de su vida terrenal, intensificó su enseñanza como lo revelan los capítulos 14, 15 y 16 del Evangelio de Juan. Les habló acerca de la existencia de un tipo de vida nuevo y superior, les dijo que serían investidos, que vendría un derramamiento de energía espiritual. Y luego los dejó.

¿Sabías que, si fuera posible reunir hoy una congregación tan espiritual como los discípulos antes de Pentecostés, sentiríamos que tenemos una iglesia intensamente espiritual? De un grupo semejante sacaríamos obispos del liderazgo, los elegiríamos como parte del consejo, escribiríamos la historia de sus vidas y llamaríamos iglesias con sus nombres.

No obstante, en ese período de la promesa, los discípulos estaban apenas preparándose. Todavía no habían recibido la promesa. Jesús estaba creando en su interior la expectativa de lo que iba a venir.

La preparación

El segundo período se describe como *el período de preparación*. Ellos tuvieron cierta medida de preparación mientras Jesús estuvo con ellos, pero tras su partida la tuvieron realmente. Hicieron una pausa de sus actividades, y esta es una de las grandes lecciones para nosotros que vivimos jornadas frenéticas.

Creo que somos el grupo más afanado y atareado de individuos que se haya visto en el mundo religioso. La idea pareciera ser que si no estamos corriendo en un círculo y sin aliento, no estamos agradando a Dios.

Cuando Jesús dijo "Id por todo el mundo y predicad el evangelio a toda criatura" (Mr. 16:15), tal vez Pedro saltó de inmediato, y sin falta tomó el sombrero antes de salir. ¡Iba a ponerse a la tarea de inmediato!

Pero el Señor le mandó a Pedro regresar, y dijo: "quedaos vosotros en la ciudad de Jerusalén, hasta que seáis investidos de poder desde lo alto" (Lc. 24:49).

Hace poco escuché a un líder cristiano advertir que sufrimos de falta de seriedad en los círculos cristianos. El cristianismo se ha rebajado más y más. Somos ligeros como mariposas, revoloteamos de un lado a otro en el sol, mientras imaginamos que somos águilas con nuestras grandes alas extendidas.

A veces pienso que a la iglesia le convendría pausar todas las actividades durante unas seis semanas y solamente esperar en Dios para ver lo que Él quiere hacer por nosotros. Eso fue lo que hicieron antes de Pentecostés. Nosotros pasamos tiempo orando porque el Espíritu Santo nos una, pero en Pentecostés el Espíritu de Dios descendió sobre los discípulos porque ellos ya estaban unidos, "estaban todos unánimes juntos" (Hch. 2:1).

Muchos tratan de trabajar para Dios cuando no están realmente preparados para ello. Tiene que haber una preparación, algún tipo de acondicionamiento. Creo que a menudo nos equivocamos con las personas recién convertidas. Sin problema tomamos a uno de nuestros bebés espirituales en Cristo, le entregamos una pila de tratados en las manos y lo lanzamos diciéndole "Anda, ¡empieza!". Quizá no deberíamos olvidar que, en el Antiguo Testamento, los sacerdotes al servicio de Dios nacían siendo sacerdotes, pero tenían que ser ungidos antes de poder servir. No solo se les ponía sangre en la oreja, en sus dedos y pies, sino que se mezclaba junto con la sangre un aceite fragante, figura del Espíritu Santo.

El cumplimiento

El tercer período fue *el período del cumplimiento* y, según leo, el Espíritu Santo vino sobre ellos repentinamente.

He señalado que la expresión "de repente", como aparece en el libro de Hechos, se repite en otros pasajes de las Escrituras.

"Y de repente vino del cielo un estruendo como de un viento recio que soplaba, el cual llenó toda la casa donde estaban sentados" (2:2). Yo mismo sonrío al ver la expresión "de repente". El pueblo de Dios en la actualidad tiene mucho miedo de las implicaciones de algo "repentino".

La mayoría de nosotros en la iglesia prefiere que las cosas sucedan de manera gradual y progresiva, poco a poco y lentamente, no de repente. Todos están dispuestos a ser llenos del Espíritu Santo siempre y cuando Dios lo haga muy lentamente, cautelosamente, ¡y no los avergüence ni asuste!

Las Escrituras dicen que "de repente... fueron todos llenos del Espíritu Santo" (2:2, 4). Las Escrituras también declaran que "repentinamente apareció con el ángel una multitud de las huestes celestiales, que alababan a Dios" (Lc. 2:13). Es asombroso encontrar la palabra "repentinamente" cada vez que Dios hizo algo maravilloso. Él lo hizo de repente, pero es algo que a nosotros nos da miedo. Queremos "crecer" en la gracia, porque sabemos que podemos crecer sin ser avergonzados.

Parece que a los creyentes les resulta vergonzoso ponerse de rodillas para buscar al Dios Todopoderoso, sacar un pañuelo y limpiarse las lágrimas y luego decir "Gracias, Dios, ¡el Consejero ha venido!". Puede que esto afecte su reputación como directores de la junta, maestros de escuela dominical, obreros en el comité femenil de ayuda.

El resultado de esta clase de vergüenza es que los años pasan y aprendemos a vivir en muerte. Logramos vivir con un cadáver espiritual. Nuestro aliento está helado, nuestras mejillas están pálidas, nuestros pies congelados y carecemos de toda espiritualidad. Nos acostumbramos a vivir con eso, y nos imaginamos que es "normal". Incluso escribimos libros para demostrar que es normal, pero el Espíritu Santo no está sobre nosotros, y ese es nuestro problema.

El Señor dijo que teníamos que nacer de nuevo, y dijo que debíamos ser llenos del Espíritu.

El período de cumplimiento sobrevino de repente, y el Padre cumplió su promesa. ¡Las expectativas se cumplieron con creces, y más!

Un error en la Iglesia

Me preocupa cualquier cosa que frene al pueblo de Dios y le impida experimentar la plenitud de los privilegios de la vida cristiana. A veces tengo que descartar algo que no me parece correcto, y que considero un impedimento para el pueblo de Dios. Algunos han dicho que ese no es mi asunto, pero sí lo es. ¡He sido ungido por Dios para que esta preocupación sea mi asunto!

Uno de estos es un error que con frecuencia se plantea de la siguiente forma: al cristiano no le compete esta promesa del Padre de enviar el Espíritu Santo, que esto ya sucedió una vez en la Iglesia cristiana y que no va a repetirse. Esta idea sugiere entonces que a la Iglesia no tiene que interesarle el Espíritu Santo, así que tratan de que lo olvidemos.

Pues bien, yo quisiera formular algunas preguntas y que tú mismo te des a la tarea de extraer la enseñanza al responderlas.

¿Es cierto que la promesa del Padre solo fue válida para los cristianos del primer siglo?

Yo creo que estamos viviendo el período de "los últimos días", que empezaron con Pentecostés y se extienden hasta el regreso de Cristo. Por consiguiente, el pasaje del profeta Joel está vigente y es eficaz y aplicable tanto para ti como para mí. Estamos viviendo ahora mismo en los últimos días cuando Dios derramará su Espíritu sobre toda carne.

Recuerda lo que dijo Pedro en Hechos 2:38-39:

> Pedro les dijo: Arrepentíos, y bautícese cada uno de vosotros en el nombre de Jesucristo para perdón de los pecados; y recibiréis el don del Espíritu Santo. Porque para vosotros es la promesa, y para vuestros hijos, y para todos los que están lejos; para cuantos el Señor nuestro Dios llamare.

No fue solo para esa multitud de primera generación, sino que "para vosotros es la promesa, y para vuestros hijos, y para todos los que están lejos" (2:39). Muchos conocemos y creemos en el testimonio del Espíritu, y esto pone fin a muchas discusiones. Si alguien puede convencer a un hombre para que crea que está lleno, otro vendrá y lo convencerá de lo contrario. Yo señalo al Cordero de Dios que quita el pecado del mundo y la promesa del Padre de una vida llena y fructífera en el Espíritu. Si algo me sucede a mí, este hombre tendrá la promesa del Padre. No dependerá de la incertidumbre del hombre.

Esta es la segunda pregunta: ¿El nuevo nacimiento del primer siglo hace innecesario mi nuevo nacimiento?

El Señor dijo que teníamos que nacer de nuevo, y dijo que debíamos ser llenos del Espíritu. Aun así, hay quienes vienen y nos dicen que esto en realidad significa que *ellos*, en esa época, habían de ser llenos del Espíritu, pero no nosotros.

Esto nos deja librados a nuestra suerte, sin esperanza alguna, habiendo nacido demasiado tarde. ¡Pero espera! Pedro nació de nuevo. ¿Acaso la experiencia de Pedro del nuevo nacimiento es suficiente para mí? Pedro fue lleno del Espíritu. ¿Acaso la experiencia de Pedro de la llenura del Espíritu es suficiente para mí? ¿Sería suficiente para mí el desayuno que comió Pedro en el año 33 d.C. para alimentarme en el siglo XX?

No, por supuesto que no. Tengo que comer algo ahora si he de alimentarme. El nuevo nacimiento de Pedro no me ayudará en este momento. Debo nacer de nuevo como él nació de nuevo en su momento. La llenura de Pedro ese día no me va a ayudar ahora. Yo debo ser lleno ahora como él lo fue en su momento. ¿Hay alguna diferencia entre eso y el derramamiento del Espíritu?

He aquí la tercera pregunta: ¿Has visto alguna vez a alguien en la iglesia cristiana actual que haya recibido en el momento de su conversión lo que Pedro recibió en el aposento alto?

Hago esta pregunta porque algunos enseñan ahora que recibimos en el momento de la conversión lo que los discípulos recibieron en su momento en el Pentecostés.

Cuando tú te convertiste, ¿tenías el poder que tuvo Pedro cuando fue lleno? Extendámoslo aún más a los hombres comunes que estaban con Pedro. ¿Acaso las Escrituras no dejan claro que recibieron y tenían algo que al parecer nosotros no tenemos en nuestros días? ¡Yo creo que sí!

Ahora la última pregunta: ¿La creencia moderna fundamental es el cumplimiento satisfactorio de lo que se esperaba del Padre en Cristo? y ¿testifica tu corazón que lo que ahora gozas es lo que nuestro Señor prometió a su pueblo?

Hermanos, nuestro Padre celestial prometió que el don del Espíritu Santo vendría sobre sus hijos. Jesús mismo prometió que debíamos tener el Espíritu, que Él tomaría lo que es de Cristo y nos lo revelaría a nosotros, y que debíamos tener poder de lo alto.

Lo que veo ahora por doquier son creencias textuales y fundamentales que están frías, muertas, secas, estériles. Y entonces quieren que yo crea que lo que tienen ahora es lo que esos cristianos primitivos tenían en aquel entonces. ¡Yo no puedo creer eso!

Eran cristianos pura sangre en aquellos primeros días. Algo proveniente de Dios descendió sobre ellos, y ellos ardían con luz, poder y vida. La mayoría de nosotros somos muy "corrientes" en comparación con aquellos cristianos de la iglesia primitiva. Cuando yo era niño en la granja en Pennsylvania teníamos gallinas ordinarias. De cuando en vez, mi madre trataba de mejorar la raza trayendo algunas Plymouth Rocks u otras gallinas de buena raza. Pero bastaba con dejarlas por un tiempo, y a la vuelta de cinco o seis años volvían a su misma clase. Volvían a ser gallinas ordinarias, y era imposible distinguir qué eran en realidad, aparte de aves decrépitas que cacareaban y ponían huevos pequeños, ¡y pocos!

Los cristianos hemos vuelto a ser de la misma estirpe adámica antigua. Mira nada más lo que somos, y trata de afirmar si tenemos automáticamente la misma vida espiritual de esos purasangres. ¡Piénsalo bien!

¿Estás convencido en tu interior de que lo que posees ahora en términos de vida espiritual y victoria es todo lo que Dios quiso cuando describió las maravillas de la llenura del Espíritu?

Lo que veo ahora por doquier son creencias textuales y fundamentales que están frías, muertas, secas, estériles.

Un testimonio moderno

Permíteme recordarte a Mamá Cook, una pequeña anciana que vivía en su humilde casa en el lado sur de Chicago y que conocía la bendición de la llenura del Espíritu Santo.

Un joven se convirtió en esta ciudad, y habría sido un buen vendedor. Vivía muy ocupado; le gustaba correr en círculos, lo cual hacía. Iba por todas partes corriendo en círculos, y su nombre era Dwight Lyman Moody.

Un día, Mamá Cook vio a Dwight y dijo: "Hijo, me gustaría que vinieras un día a mi casa, quiero hablar contigo".

Entonces Moody fue, y ella lo acomodó en una silla y le dijo algo así como:

"Dwight, es maravilloso ver cómo has sido salvo y tu celo por el Señor, pero ¿sabes qué necesitas? Necesitas ser ungido con el Espíritu Santo".

"Bien —respondió él—, Mamá Cook, quiero lo que sea que Dios quiere para mí".

"Muy bien —dijo ella—, agáchate". Él se arrodilló sobre el piso de linóleo y oraron. Mamá Cook oró diciendo: "Dios, llena a este joven con tu Espíritu".

Moody se humilló allí mismo, abrió su corazón, se rindió como una vasija completamente vacía y tomó la promesa por la fe, pero nada sucedió. Sin embargo, unos días más tarde, estando en otra ciudad, contó: "Mientras caminaba por la calle, *de repente* Dios cumplió la promesa que me había hecho en esa cocina".

Ora y ríndete, cree y obedece, ¡y mira lo que Dios hará por ti!

Sobre él se descendió un cuerno de aceite y el Espíritu Santo vino sobre él. Él comentó que subió un callejón y levantó su mano, y dijo: "Oh, Dios, ¡detén tu poder o moriré!".

Más adelante relató: "Salí de allí predicando los mismos sermones con los mismos pasajes, pero ¡qué diferencia, el Espíritu había venido!".

Sí, el Espíritu Santo había estado presente. El Espíritu Santo estuvo allí para hacerle nacer de nuevo, porque "si alguno no tiene el Espíritu de Cristo, no es de Él" (Ro. 8:9).

Sin embargo, es muy diferente la acción del Espíritu como agente de mi regeneración a la experiencia del derramamiento del cuerno de aceite sobre mi cabeza. Es algo muy diferente, y ese fue el testimonio y el llamado de Moody concerniente a la llenura del Espíritu Santo.

¿De dónde sacamos la idea de que, siendo que los discípulos fueron llenos del Espíritu en el siglo primero, nosotros ya no necesitamos ser llenos del Espíritu en el presente?

Hubo un tiempo cuando el Espíritu Santo descendió sobre la Iglesia, y esta salió ardiendo con el fuego para predicar el evangelio al mundo conocido en el siglo primero.

Y entonces vino la muerte prolongada.

Aquí y ahora, en nuestro tiempo, tenemos maestros tan infinitamente ridículos que, según ellos, lo único que tenemos que hacer es seguir discretamente hasta que el Señor venga y nos haga reinar sobre muchas ciudades. Solo te pido que busques en las Escrituras si esto es cierto. Ora y ríndete, cree y obedece, ¡y mira lo que Dios hará por ti!

7

Los dones espirituales: La capacidad para hacer algo

No quiero, hermanos, que ignoréis acerca de los dones espirituales.

1 Corintios 12:1

*Pero a cada uno de nosotros fue dada la gracia
conforme a la medida del don de Cristo.*

Efesios 4:7

*Digo, pues, por la gracia que me es dada, a cada cual que está
entre vosotros, que no tenga más alto concepto de sí que el que debe
tener, sino que piense de sí con cordura, conforme a la medida de
fe que Dios repartió a cada uno. Porque de la manera que en un
cuerpo tenemos muchos miembros, pero no todos los miembros
tienen la misma función, así nosotros, siendo muchos, somos
un cuerpo en Cristo, y todos miembros los unos de los otros. De
manera que, teniendo diferentes dones, según la gracia que nos
es dada, si el de profecía, úsese conforme a la medida de la fe; o
si de servicio, en servir; o el que enseña, en la enseñanza; el que
exhorta, en la exhortación; el que reparte, con liberalidad; el que
preside, con solicitud; el que hace misericordia, con alegría.*

Romanos 12:3-8

Nada en el mundo entero está tan asombrosamente construido como el cuerpo humano, y no es sorprendente que el Espíritu Santo haya dicho por medio de David: "¡soy una creación admirable... tus obras son maravillosas!" (Sal. 139:14, NVI). Las manos, los oídos, el sentido del olfato, del gusto, del tacto, la coordinación de pies y manos, solo la sabiduría creativa y el poder de Dios pueden explicar la grandeza del cuerpo humano.

Quiero señalar el hecho de que en tres de sus epístolas, el apóstol Pablo usó los miembros del cuerpo humano para ilustrar las relaciones espirituales en el Cuerpo de Cristo, la Iglesia. Usó la ilustración de la relación entre los miembros del cuerpo en Romanos, en 1 Corintios y en Efesios.

En Romanos 12, Pablo, experto en usar ilustraciones, desglosó el tema para que pudiéramos entender fácilmente a qué se refería con la Iglesia como un cuerpo: Cristo es la cabeza, y el cristiano verdadero es un miembro de ese cuerpo.

Ahora bien, el Espíritu Santo es para la Iglesia lo que tu espíritu es para el cuerpo que Dios te ha dado. Es la vida, la unión, la conciencia. Y Pablo afirma que, así como cada miembro condensa la iglesia local, cada iglesia local condensa la totalidad de la Iglesia de Cristo.

Todo un cuerpo

Lo que Pablo quiere subrayar es el hecho de que la Iglesia, el Cuerpo de Cristo, no está dividido ni desmembrado, más bien cada grupo de cada iglesia local posee todas las funciones del cuerpo entero. Del mismo modo que en los Estados Unidos cada estado por separado constituye una parte vital y palpitante de la unión completa de los estados, cada iglesia local es una parte viva y orgánica de la totalidad de la Iglesia de Cristo. Yo creo que somos miembros de la totalidad del Cuerpo de Cristo que está en el cielo y por todo el mundo, pero todos somos descendientes del gran Dios, quien por medio del Espíritu Santo y de la Palabra nos hizo nacer en su familia.

Por lo anterior, la Iglesia de Cristo no está dividida. Cuando entonamos el antiguo cántico: "No estamos divididos, somos un cuerpo", la gente se ríe y pregunta: "¿Y qué de las 600 denominaciones?".

Bueno, esa pregunta no me ofende. Ese cántico, esa verdad según la cual "no estamos divididos, somos un cuerpo", es tan cierta como el hecho de que yo no estoy dividido. El Cuerpo de Cristo es un solo cuerpo. Podemos cantarlo, y dejar que otros se burlen de nosotros si lo desean. ¡Lo seguimos cantando porque es verdad!

No estamos divididos. Es una sola Iglesia. Todo aquel que ha nacido de nuevo en la familia de Dios, ha nacido para hacer parte de una unión viviente y orgánica, y punto. Nada puede el diablo hacer al respecto.

> El Espíritu Santo es para la Iglesia lo que tu espíritu es para el cuerpo que Dios te ha dado. Es la vida, la unión, la conciencia.

Cada grupo local, como digo, posee todas las funciones del grupo en su totalidad, así como el cuerpo de cada ser humano posee todas las facultades humanas, al igual que todos los órganos y miembros. Los ojos están diseñados para ver, los oídos para oír, las manos para hacer trabajos diversos, los pies para moverse, el estómago para digerir alimentos, etcétera.

De modo que estamos diseñados para cooperar, y esto en sintonía. Recuerdo que una vez leí un gran artículo en la revista *Harper´s*. Explicaba lo que producía la vejez. Decía que no era la falta de fuerza en los órganos del cuerpo, sino que los órganos del cuerpo dejaban de cooperar entre sí y andaban por su cuenta, y esto era lo que provocaba la vejez. Lo que llevaba a las personas a morir de vejez era la incapacidad de los órganos del cuerpo para cooperar entre sí. Se volvían independientes, se desconectaban y empezaban su propio tabernáculo, ¡si podemos expresarlo en esos términos!

Lo mismo sucede con la iglesia. Cuando trabajamos juntos y tenemos un sentido de unidad y comunión, cuando todos funcionamos juntos, cooperamos mutuamente y actuamos en sintonía, cuando somos todos para uno y uno para todos, y tomos recibimos órdenes de la Cabeza, entonces tenemos una Iglesia perfecta. Cada iglesia local puede condensarla y, a su vez, cada uno de nosotros puede condensarla.

Los dones del Espíritu Santo

Todo lo que Dios puede hacer a través de toda su Iglesia, lo puede hacer por medio de una iglesia local, de un grupo local. Estas diferentes funciones son las capacidades para hacer la obra, y se llaman dones. Él dijo: "teniendo diferentes dones, según la gracia que nos es dada" (Ro. 12:6a), "acerca de los dones espirituales" (1 Co. 12:1a), "procurad, pues, los dones mejores" (12:31a), "subiendo a lo alto... dio dones a los hombres" (Ef. 4:8).

De manera que cuando los dones residen en el Cuerpo de Cristo, en la iglesia local, constituyen la capacidad para hacer la obra. A manera de ilustración, tu estómago es un don de Dios. El propósito del estómago no es sostener los pantalones, o un lugar más dónde poner un cinturón. El estómago tiene un propósito y una función. ¿Para qué es tu hígado? ¿Para qué son tus ojos? Tienen propósitos y funciones específicas, algo qué hacer y llevar a cabo. Si cumplen su función y todos los demás órganos cooperan, serás una persona sana y útil.

Del mismo modo, tenemos estos dones en la Iglesia. Pablo dijo en sus detalladas instrucciones a través de los escritos inspirados por Dios, que la función de estos dones es hacer algo con ellos. Existen en la iglesia con un propósito.

Pablo también usó la ilustración de los deportes, así que no digas que no soy espiritual por usar los deportes como ilustración. ¡No aspiro a ser más espiritual que el apóstol Pablo! Como sabes, un equipo de béisbol está conformado por nueve jugadores. Hay uno que atrapa la bola, otro que la lanza, un centro campista, uno en primera base y otro en segunda base, etcétera. Cada jugador que ocupa su lugar tiene una función, y cada uno sabe lo que tiene que hacer. Mientras cada uno haga bien su trabajo, el equipo como unidad es difícil de derrotar. Cuando aparece en el equipo una estrella a quien no le importa si el equipo gana o pierde, siempre y cuando él pueda brillar, se sacrifica el éxito del equipo en tanto que unidad ganadora.

Pablo dice que estos dones están en el Cuerpo. Algunos dicen que solo hay nueve, porque los primeros versículos de 1 Corintios mencionan nueve. Pero ¿sabías que yo he encontrado por lo menos dieciocho en las Escrituras? Puede que algunos se crucen, y la lista podría condensarse en quince dones. Permíteme ahora examinar los pasajes y, a la luz de la

Palabra de Dios, citar los dones del Cuerpo divino de las que nos habla Pablo.

Primero, el don de apóstol, de embajador o mensajero. Luego el don que convierte a alguien en profeta. Está el don que hace al maestro. Luego, el don de la persona que exhorta. Está el don del que administra. Sería alguien como a quien los presbiterianos de antaño denominaban un anciano con poder de decisión. También están los dones de sabiduría, de conocimiento, de fe, de sanidad. Hay un don de milagros, un don de lenguas, un don de interpretación, un don de discernimiento, un don de servicio, un don de misericordia, un don para presidir, un don para repartir con liberalidad, y el don de evangelista.

Ahí están. Estos son los dones que están en el Cuerpo, las funciones que le permiten al Espíritu Santo hacer la obra. En tanto que existan los miembros de tu cuerpo, tu vida interior puede encontrar su modo de expresarse.

En tanto que tus manos sean obedientes a la cabeza, estarán bien. En tanto que tus pies reciban las órdenes de la cabeza, no te atropellarán al cruzar la calle. En tanto que los miembros de tu cuerpo hagan su trabajo y acaten las órdenes de la cabeza, estarás bien. Entre tanto que la Iglesia de Cristo reconozca al Señor como la Cabeza de la Iglesia, y a los cristianos como miembros, y a estos miembros dotados con "las capacidades para llevar a cabo la obra", ¡tendremos una Iglesia avivada y bendecida!

Cuando faltan los dones

Recuerda que el Espíritu es quien hace la obra de la Iglesia a través de estos dones y por medio de los miembros del cuerpo que los han recibido. Dondequiera que los dones están ausentes, o no son reconocidos, o son negados, la Iglesia queda condenada a depender de otras formas para llevar a cabo la obra.

Existen varios enfoques equivocados en nuestros círculos, y el primero es simple y llano humanismo. Si no tuvieras manos, tendrías que hacer tu mejor esfuerzo para arreglártelas sin ellas. Si no tuvieras ojos, tendrías que tratar de vivir sin ellos. Si no tuvieras pies, tendrías que arrastrarte a todas partes de la mejor manera a falta de pies. De igual modo, si negamos o rehusamos reconocer que hay miembros y que hay dones en esos miembros, tenemos que depender de mero humanismo. En la actualidad, esto sucede con mucha frecuencia. Dependemos del talento, y de nada más. Permíteme decirte con toda seriedad que el Espíritu Santo nunca obra con mero talento. No confundas esto con la parábola en la que Jesús usa la palabra *talento*, que era una cantidad de dinero (ver Mt. 25:14-30). Allí no se refirió a la capacidad de cantar, imitar, o proyectar la voz, o lo que sea que hacen las personas del espectáculo con su talento.

> Es imposible exagerar la importancia de la necesidad del Espíritu Santo en la Iglesia.

Nuestro segundo error consiste en depender de la psicología en lugar del Espíritu. Me divierte y en cierta medida me indigna ver a algunos de mis hermanos en el ministerio que se ocupan tanto en estudiar psicología con el fin de saber cómo manejar sus congregaciones. Cuando tienes una Biblia, una mente, una boca y el Espíritu Santo, ¿por qué tienes que estudiar psicología? Yo estudié a Watson, a James, y particularmente a Freud, quien fue el padre de la psiquiatría y el psicoanálisis. Aprendí la terminología y el discurso. No soy ignorante de la psicología, pero es inútil traerla al púlpito cuando tienes al Espíritu Santo. Si tienes el don del Espíritu Santo, no necesitas estudiar a Freud. Si lo estudias, está bien, ¡pero no lo traigas contigo al púlpito!

Otro error que cometemos es depender de los métodos de los negocios. Me divierte y me duele un poco ver estos hermanos y sus métodos empresariales, tratando de llevar a cabo la obra de Dios conforme al modelo estadounidense de los negocios. Cuando insistimos en hacer las cosas conforme a Wall Street o Madison Avenue, el cuerpo no es más que unos miembros artificiales. ¡No va a funcionar!

Además de esto, existe la técnica política, con sus técnicas de ventas y persuasión. Creo que vamos a tener que volver a estudiar toda esta enseñanza acerca del lugar del Espíritu Santo en la Iglesia, a fin de que el Cuerpo pueda volver a funcionar. Si la vida sale del cuerpo de un hombre, se dice que es un cadáver; es lo que se denomina "los restos mortales". Es triste, curiosamente triste, que de un hombre apuesto y fuerte con ojos brillantes y voz vibrante, un hombre viviente que muere se diga que "los restos mortales" pueden verse en una funeraria. Lo que queda del hombre, y la parte más pequeña de su ser, es lo que se puede ver allí en la funeraria. El hombre vivo ya no está. Solo queda el cuerpo. El cuerpo son "los restos mortales".

No hay vida sin el Espíritu

Lo mismo sucede en la Iglesia de Cristo. En sentido literal, es cierto que algunas iglesias están muertas. El Espíritu Santo ya no está con ellos, y lo único que queda son "los restos mortales". Tiene la potencialidad de la iglesia, pero no hay iglesia, de la misma forma que un hombre muerto tiene la potencialidad de un hombre vivo, pero no es un hombre vivo. No puede hablar, no puede gustar, no puede tocar, no puede sentir, no puede oler, no puede ver, no puede oír, ¡porque está muerto! El alma del hombre se ha ido, y cuando el Espíritu Santo no está presente en la Iglesia, hay que arreglárselas con los métodos de los negocios, la política, la psicología o el esfuerzo humano.

Es imposible exagerar la importancia de la necesidad del Espíritu Santo en la Iglesia, si se dice conforme a las Escrituras, porque sin el Espíritu Santo es imposible hacer algo que perdure por la eternidad. Alguien dirá: "Si eso es verdad, ¿por qué no le apostamos al movimiento de lenguas ya que ellos creen que se puede estar seguro de la llenura del Espíritu, siempre y cuando se tenga la evidencia de las lenguas?".

Pues bien, como respuesta, he conocido y estudiado a estos queridos hermanos, y les he predicado durante mucho tiempo. Los he estudiado, y los conozco muy bien, y los entiendo muy bien. Hay algunas iglesias que son muy sanas y hermosas, y piadosas. No quiero herir sentimientos, pero es cierto que como cristianos tenemos que sonreír y agradecer a Dios por la verdad, ya sea que duela o no. El movimiento en sí mismo ha dado preponderancia a un solo don por encima de los demás, y ese don es precisamente el que Pablo consideró el más pequeño. Esto deriva en la manifestación no bíblica de este don, y una tendencia a dar prelación al sentimiento personal por encima de las Escrituras, ¡y nunca, nunca debemos hacer eso!

Hermano, Dios nos ha dado el Libro, y el Libro tiene prelación. Si alguien no puede mostrármelo en el Libro, no quiero que venga todo tembloroso tratando de decirme algo. El libro. ¡Debe darme la Palabra!

Otra tendencia en la enseñanza actual es esta: algunos hermanos dicen que los dones del Espíritu cesaron tras la muerte de los apóstoles. Según ellos, con la muerte de los apóstoles desaparecieron los dones del Espíritu.

Tenemos, pues, dos direcciones: la primera enseña que para estar seguro de que estás lleno del Espíritu debes tener la evidencia de las lenguas; la otra, que en nuestros días todos los dones han sido cancelados y ya no están a disposición de la Iglesia.

Ejemplos históricos

¿Cómo vamos a saber hacia dónde dirigirnos? Permíteme traer a tu memoria ciertas personas que vivieron y sirvieron a Dios, y algunas de sus obras. Veamos si estas dos respuestas extremas dan cuenta de estas hazañas para Dios.

Por ejemplo, recuerda a Agustín, obispo de Hipona, el santo hombre que caminó con Dios y escribió una gran confesión de la fe. Hay más de Dios en las *Confesiones* de Agustín que en todos los libros escritos en los círculos fundamentalistas durante los últimos cincuenta años. Si yo estuviera en una isla y tuviera que escoger entre una montaña de libros evangélicos y fundamentalistas escritos en los últimos cincuenta años, y las *Confesiones* de Agustín, dejaría todos los demás solo para quedarme con este libro, ¡porque Dios está allí! Este hombre fue un gran orador y estudioso de oratoria griega. Cuando fue lleno del Espíritu Santo, dijo: "Perdí el gusto por la oratoria griega, y me desagradaba. Más adelante descubrí por qué. No encontraba a Cristo en el orador griego". Él fue una de las seis grandes mentes de todos los tiempos, y lo entregó todo por seguir a Cristo.

Recordemos también a Bernardo de Cluny. Fue un santo que escribió *Jerusalén la dorada*. Recuerda la bella frase "Jerusalén la dorada, con leche y miel bendecida". Este hombre caminó con Dios. Tenía un hermano gemelo, Bernardo de Claraval, que escribió: "Tan solo con pensar en ti, me lleno de solaz", y otros himnos hermosos y maravillosos.

Recordemos también a Richard Rolle, quien vivió en el siglo XIV. Él era un monje, pero recibió tanta bendición que no pudo permanecer más en el monasterio, se consiguió una guitarra, y recorrió Inglaterra predicando el evangelio, al que llamó "ardor, perfume y canción". Era cálido, era fragante, y era música.

También recordamos al hermano Lawrence, el hombre que practicó la presencia de Dios. Fue un hombre que no recogía una paja del suelo sino por el amor de Dios. En su lecho de muerte le preguntaron: "Hermano Lawrence, ¿qué hace?". Él respondió: "Lo que planeo hacer toda la eternidad: adorar a Dios. Cuando muera, no cambiaré de ocupación. He adorado a Dios durante cuarenta años en la tierra, y cuando llegue al cielo, seguiré haciendo exactamente lo que hago en este momento".

Recuerda también a Tomás de Kempis, quien escribió *La imitación de Cristo*, y aquel hombre llamado Martín Lutero, quien aseveró: "Voy a casarme para molestar al papa y enojar al diablo". Fue el hombre que se puso de pie y dijo: "Aunque hubiese tantos demonios como tejas en los tejados, aquí me quedo. No me moveré, ¡Que Dios me ampare!". Él comunicó la Palabra de Dios a la Iglesia de su tiempo, y puso al papa en su lugar.

Zinzendorf fue un aristócrata rico alemán que vio un cuadro de Cristo crucificado, frente al cual lloró y dijo: "Si Él murió por mí, ¡yo debo entregarme a Él!". De su devoción y de su visión nació el énfasis que dio origen a todos los grandes movimientos misioneros de la actualidad.

Recordamos a Tersteegen, un tejedor de seda en Alemania que tuvo un encuentro tan intenso con el Señor que firmó un pacto con Él con su propia sangre. Su cabaña se convirtió en un centro de poder espiritual para toda Alemania.

John Newton escribió: "Cuán dulce es el nombre de Jesús". A pesar de que este hombre maravilloso fuera traficante de esclavos en África, se convirtió y llegó a ser uno de los santos más fervorosos de su generación.

¿Cómo nos las arreglaríamos sin las obras de Charles Wesley? Entre sus himnos, solo para nombrar unos pocos, encontramos: "¡Cariñoso Salvador!", "Solo excelso, amor divino", "¡Cómo en su sangre pudo haber!". Recuerda también a su hermano, Juan Wesley, el cazador de huevos, porque como sabrás, ¡le lanzaban barriles de huevos! Él perseveró en predicar hasta que transformó el panorama moral de Inglaterra. Los historiadores aseveran que él salvó a Inglaterra de una revolución. Recuerda a William Booth, quien fundó el Ejército de Salvación, o a Jonathan Edwards, el gran predicador estadounidense que trajo el gran avivamiento, un gran avivamiento. Piensa en Frederick Farber, quien escribió: "Oh, Jesús, Jesús, amado Señor, perdóname si pronuncio, por puro amor, tu santo nombre mil veces al día". Y en Reginald Heber, el anglicano que escribió: "Santo, santo santo, Señor Omnipotente".

En los Estados Unidos recordamos también a Charles Finney, el abogado que se convirtió y fue tan lleno del Espíritu Santo, que declaró: "El Espíritu Santo descendió sobre mí de tal manera que parecía atravesarme en cuerpo y alma. Pude sentirlo como una corriente eléctrica por todo mi ser. De hecho, parecía fluir en mí en oleadas y oleadas de amor líquido... como el aliento mismo de Dios... parecía abanicarme como alas inmensas". Recordemos a David Livingstone, quien preparó a África para el evangelio. Y a Charles Spurgeon, quien predicó toda su vida a 6.000 personas en Londres cada domingo. Se decía de Spurgeon que sus oraciones sanaban a más enfermos en Londres que todos los médicos juntos.

George Mueller fue a Inglaterra y abrió un orfanato en Bristol. Este hombre obtuvo mediante la oración millones de dólares para bendecir a miles de personas, y para cuidar a miles de huérfanos, y Dios nunca le negó nada. Piensa en Frances Havergal, de quien se dijo que cuando entraba en un recinto, cada individuo presente percibía la presencia de dos personas: Frances Havergal y el Espíritu Santo.

Evan Roberts fue el hombre que oró: "¡Doblégame, oh Dios, doblégame!". Y Dios lo doblegó y dio a Gales un gran avivamiento. Dr. Seng, el cristiano chino que fue azotado y puesto en un saco donde fue herido y pateado, anduvo predicando por toda China, y Dios descendió sobre él con grandes milagros y prodigios.

A. B. Simpson empezó con ocho personas que oraban por las misiones, y ahora lo recordamos como el fundador de la sexta sociedad misionera más grande del mundo.

Billy Nicholson, el querido Billy, que hace no mucho partió

para estar con el Señor, fue el evangelista que fue a Irlanda en un período de decadencia moral y de disturbios políticos. Muchas personas se convirtieron gracias a Billy Nicholson, y se evitó una revolución.

¿Alguna vez has escuchado hablar de la canadiense de origen irlandés a quien apodaban Holy Ann? Se decía que Holy Ann hablaba acerca de su Padre con una confianza tal, que se pensaría que Dios no tiene más hijos aparte de ella. ¿Has leído acerca de la vida de Sammy Morris? Yo nunca lo vi en persona, pero una vez estuve frente a su tumba con la cabeza descubierta. Sammy Morris, el niño Kru de África que escuchó acerca del Espíritu Santo y vino a los Estados Unidos. Vino hasta aquí en busca de alguien que pudiera hablarle acerca del Espíritu Santo. Alguien lo llevó a recorrer la ciudad de Nueva York y le decía: "Mira este edificio, mira aquel edificio". Sammy Morris lo interrumpió y le dijo: "Yo no vine a Nueva York a mirar edificios. ¿Sabes algo acerca del Espíritu Santo?". Luego fue a Taylor University y dijo: "He escuchado que ustedes los metodistas creen en el Espíritu Santo, y yo quiero saber más acerca de Él. Si tienen espacio en un voladizo del techo, una habitación que ningún otro estudiante desea, ese es el que quiero". Sammy Morris, un reflejo de Cristo, tuvo una corta vida. Está sepultado en la ciudad de Fort Wayne, Indiana, donde visité su tumba.

Solo puedo nombrar unos pocos. Se necesitarían montañas de papel para escribir los nombres de los grandes santos que han vivido y que han sacudido naciones, han limpiado ciudades y pueblos. Ahora los avivamientos vienen y van, y dejan las comunidades intactas. En esos días, los avivamientos dejaban la huella de Dios.

¿Cómo lo hicieron?

Ahora bien, para quienes dicen que los dones murieron con los apóstoles: Si los dones del Espíritu murieron con los apóstoles, ¿cómo pudieron Agustín, Bernard de Cluny, Richard Rolle, el hermano Lawrence, Tomás de Kempis, Lutero, Zinzendorf, Tersteegen, William Booth, Jonathan Edwards, Charles Finney, Charles Spurgeon, George Mueller, A. B. Simpson, Billy Nicholson, Holy Ann y Sammy Morris llevar a cabo las obras de Dios? ¿Cómo lo hicieron? Si el Espíritu Santo no tiene dones para los hombres, ¿lo hicieron con su intelecto, lo hicieron gracias a su cerebro? No, hermanos míos, estos fueron hombres y mujeres de dones, y los dones estaban en ellos, y el Espíritu de Dios los usó con poder, obrando a través de ellos de la misma manera que mi alma obra a través de mis manos.

Yo sé que hay dones hoy en la Iglesia cristiana, aun en algunas iglesias que no saben que los tienen.

Por otro lado, si no estamos llenos del Espíritu Santo, a menos que tengamos la evidencia de las lenguas, entonces Agustín, Bernard, Tomás de Kempis, Frederick Barber, Charles Finney, David Livingstone, Charles Spurgeon y George Mueller no estaban llenos del Espíritu Santo. Ninguno de ellos mencionó jamás la evidencia de las lenguas. ¿Podemos decir que ellos llevaron a cabo sus obras poderosas y transformadoras en el poder de la carne? ¡Oh, no, mi hermano! Yo no creo ninguno de esos extremos. Yo sé que los dones del Espíritu no murieron con los apóstoles. Yo sé que hay dones hoy en la

Iglesia cristiana, aun en algunas iglesias que no saben que los tienen.

No es provechoso desviarnos ni buscar lo novedoso. Hermano, es inútil salir en busca de algo y "unirse" a un movimiento innovador. ¡Dios no anda en busca de rótulos, títulos o nombres! Él va en busca de personas. Él busca personas amorosas, humildes y limpias. Y si las encuentra, está listo para morar en ellas, instantánea y poderosamente.

"Pero recibiréis poder" (Hch. 1:8). "Procurad, pues, los dones mejores" (1 Co. 12:31). Todo lo que Dios ha hecho por un alma, está dispuesto a hacerlo por cualquier otra, si cumple con los requisitos. El Señor que bendijo a estos hombres que acabo de mencionar, y a los miles anónimos que les siguieron, está dispuesto a hacer lo mismo por nosotros tal como lo hizo con ellos.

Fe o incredulidad

La incredulidad dice: "En otro tiempo, pero no ahora; en otro lugar, pero no aquí; a otras personas, pero no a nosotros". La fe dice: "¡Lo que hizo en cualquier otro lugar lo hará aquí, lo que hizo en cualquier otro tiempo está dispuesto a hacerlo ahora, lo que hizo por otras personas está dispuesto a hacerlo por nosotros!". Con nuestros pies sobre la tierra, y con cabeza fría, pero con el corazón ferviente con el amor de Dios, salimos en esta llenura del Espíritu, si nos rendimos a Él y obedecemos. ¡Dios quiere obrar a través de ti!

El Consejero ha venido, y a Él no le importan nuestras limitaciones geográficas, ni de nuestra época o nacionalidad. El Cuerpo de Cristo es más grande que todas ellas. La pregunta es: ¿abrirás tu corazón?

Cuando Noé envió la paloma y ella no encontró dónde posarse, él "extendió su mano, y tomándola, la hizo entrar consigo en el arca" (Gn. 8:9). Si pudiera apoyarme en esta pequeña ilustración, ¿extenderías tu mano por la fe y dejarías entrar al Espíritu Santo en tu vida? Esto transformaría tu vida, la haría maravillosa. Yo he visto cómo sucede, y nada puede impedirlo en tu vida si de corazón le obedeces.

8

Cómo cultivar la comunión con el Espíritu Santo

¿Andarán dos juntos, si no estuvieren de acuerdo?

Amós 3:3

Contrario a lo que desean creer los que profesan ser cristianos, muchas personas que pertenecen al pueblo de Dios no están dispuestas a caminar en perfecto acuerdo con Él. Esto puede explicar por qué tantos creyentes no tienen el poder del Espíritu, la paz del Espíritu, y muchas otras cualidades, dones y beneficios que provee el Espíritu de Dios.

La pregunta es si estamos dispuestos a caminar con Él en amor y obediencia.

La respuesta es que no podemos caminar con Él a menos que estemos de acuerdo. Si no estamos de acuerdo, no caminaremos con Él en armonía, fructificación y bendición.

Mucha gente en las iglesias profesa un interés en el tema de cómo cultivar la comunión con el Espíritu, pero no están dispuestas a renunciar a todo para obtenerla. No están dispuestas a volverse por completo a Dios y a caminar con Él. Quizá recuerdes que Juan Bunyan, en sus grandes escritos alegóricos, mencionó al señor Sabio Mundano, y debemos saber que hay igualmente muchos cristianos que tratan de realizar la difícil tarea de vivir en dos dimensiones al mismo tiempo. Sí, quieren a Cristo, pero también quieren el mundo. Dejan que Dios entre en sus vidas, pero ellos también se interponen en el camino del Señor. Es inútil hablar de la llenura del Espíritu y de andar en el Espíritu, ¡a menos que estén dispuestos a dejarlo todo para ganarlo todo!

Consideremos la antigua pregunta del pasaje: "¿andarán dos juntos, si no estuvieren de acuerdo?". Es una pregunta retórica que equivale a una respuesta afirmativa: dos no pueden andar juntos a menos que estén de acuerdo. Asimismo, si dos andan juntos, deben en cierto modo ser uno.

Estos dos, a fin de caminar juntos, deben estar de acuerdo en que quieren andar juntos, y coincidir en que les conviene acompañarse. Creo que esto se resume en lo siguiente: si dos quieren andar juntos voluntariamente, deben en cierto sentido ser uno. Para comprometerse a viajar juntos, deben estar de acuerdo en los asuntos importantes de su caminar, de su compañerismo, y de su dirección.

He descubierto que algunas personas simplemente no están listas para esta enseñanza acerca del compromiso, la consagración, y la devoción a la más elevada voluntad de Dios para sus vidas. Todavía tienen un pie en Cristo y otro en el mundo.

Tipos de cristianos

Permíteme nombrar algunos tipos de cristianos profesantes que no están preparados para renunciar a todo para ganarlo todo.

Los cristianos de "seguro"

Hay personas cuyo interés principal en el cristianismo radica en su valor como "seguro".

Aunque no lo creas, hay quienes desean el cuidado y la protección que Dios les brinda ahora, y quieren evitar el infierno cuando llegue el momento de morir. Quieren la garantía del cielo. Para obtener estas cosas, parecen dispuestos a apoyar a la iglesia, ofrendar para misiones y mostrar interés económico en otros proyectos eclesiales.

¡Es asombroso pero cierto! Algunas personas continúan apoyando la iglesia, e incluso se abstienen de placeres mundanos porque quieren protección. Están interesados en el valor asegurador del cristianismo. Quieren lo que este ofrece. No están interesados en el cristianismo moderno y liberal que no les ofrece ninguna seguridad.

Cualquiera puede creer catecismos y credos... pero es algo completamente diferente dejar que la Palabra de Dios nos afecte en lo personal.

¿Te contentas con que Jesucristo haya muerto en la cruz para salvarte de juicio y pasar de muerte a vida?

¿Estás dispuesto a vivir relativamente bien, a renunciar a algunos placeres mundanos como una prima de seguro que pagas por la garantía de que Dios te bendecirá mientras vivas y te llevará a casa cuando mueras?

A algunos cristianos no les gusta que se hable en estos términos, porque en cierto modo saca a relucir la verdad que conduce a otra pregunta: Si esta es la razón de tu vida cristiana, ¿en qué somos mejores que algunos pecadores que no profesan fe alguna?

Como sabrás, no todo pecador es sucio. No todo pecador es un canalla. Hay hombres honorables y buenos, honestos, que dicen la verdad aun cuando duele. No tienen esperanza de vida eterna ni de un cielo venidero. No son seguidores de nuestro Señor. He conocido hombres éticos, decentes, honestos, que no eran cristianos.

De hecho, conozco a un hombre que es tan amable y bueno, que todo el mundo trata de volverlo cristiano. Él se niega con firmeza, y está seguro de lo que afirma: "No soy cristiano". Él no presume de abrirse camino al cielo; él sabe que está perdido, pero en su vida y en sus costumbres es tan bueno que pone en vergüenza a muchos cristianos.

Cristianos sociales

También están quienes no están dispuestos porque su concepto de religión es social y no espiritual.

Esto incluye las personas que han diluido el Nuevo Testamento hasta que queda sin fuerza, sin vida, sin vigor. Lo moderan con sus opiniones relajadas. Son muy amplios de mente; de hecho, son tan amplios de mente que no pueden andar en el camino angosto.

Se orientan a lo social, y hasta ahí les llega su religión. No estoy preparado para decir dogmáticamente que no son salvos, pero estoy dispuesto a afirmar que no están listos para lo que estoy enseñando. Es un hecho que el evangelio de Cristo es esencialmente espiritual, y que la verdad cristiana que obra en el alma humana por medio del Espíritu Santo produce cristianos espirituales.

En el mismo sentido, hay quienes están más influenciados por el mundo que por el Nuevo Testamento, y no están listos para el Espíritu Santo. De estas personas debo decir que están mucho más influenciados por Hollywood que por Jerusalén. Su espíritu y modo de vida se asemejan más al de Hollywood que al de Jerusalén. Si llegaran de repente a la Nueva Jerusalén, no se sentirían a gusto, porque su modo de ser y de pensar ha sido amoldado conforme al entretenimiento del siglo veinte, ¡y no a las cosas de Dios!

Estoy seguro de que muchas tendencias que se hacen pasar por el evangelio en nuestros días no son más que una versión ligera de religión ortodoxa injertada en un corazón que está vendido al mundo y a sus placeres, gustos y ambiciones.

Otro grupo que habla acerca del Espíritu Santo sin estar preparado para su compañerismo son las personas que quisieran ser llenas del Espíritu nada más que por la emoción de la experiencia.

Creo que es evidente que algunas personas desean tanto una experiencia emocional que pagarían cualquier precio por ello, excepto morir a sí mismos, al mundo, o a la carne.

Para estas personas, lo que estoy a punto de decir no tendrá un tono compasivo. Esto es lo que quiero decir: ¡nunca has llegado al lugar donde Dios puede alcanzarte! La clase de enseñanza que he impartido ha inquietado a algunos. Si has estado recorriendo tu camino pensando que estás bien, y de repente un hombre de Dios insiste en que todavía tienes mucho terreno por conquistar, tal vez te inquietes. Esta es la primera punzada que experimenta el alma que quiere conocer a Dios. Siempre que la Palabra de Dios nos toca y nos convence, nos inquieta. Pero esto es normal, porque Dios tiene que estremecernos, aun si hace falta una molestia.

Cuando hablamos de convicción del Espíritu, debemos diferenciar entre conocer la doctrina cristiana de forma intelectual y conocerla de forma vivencial. Cualquiera puede creer catecismos y credos, y recitar doctrinas cristianas de memoria, pero es algo completamente diferente dejar que la Palabra de Dios nos afecte en lo personal. Me refiero al corazón humano que se dispone a ser tocado por la Palabra de Dios.

Espero que haya más personas hambrientas de Dios de las que conozco. Dios no me revela muchos de sus misterios y secretos, de modo que no tengo idea de cuántas personas han sido bendecidas por mi ministerio y mi predicación. Sí doy gracias a Dios por aquellas de las que sé, algunas de las cuales me han dicho que han recibido "el toque" de la Palabra. De algún lugar surgió el anhelo profundo, la bendita aspiración, las ansias de Dios tan reales y maravillosas, y tan llenas de dolor que ellas saben de lo que hablo, gracias a su vivencia personal.

Ayuda para los que tienen hambre espiritual

Si eres alguien con hambre espiritual, Cristo es más que un seguro contra el infierno, y el cristianismo es más que una oportunidad para socializar con gente de bien. Si Dios es real para ti, y Cristo es real, y tu corazón anhela lo mejor de Dios, quiero darte unas pautas que te ayuden a cultivar la santa amistad con el Espíritu.

Procura conocerlo más y más íntimamente

Primero, el Espíritu Santo es una Persona viva, a quien se le puede conocer más y más íntimamente. Puesto que es una personalidad, es imposible conocerlo plenamente en un solo encuentro.

Uno de los grandes errores que cometemos es imaginar que cuando venimos a Dios por el nuevo nacimiento y recibimos el Espíritu de adopción, conocemos todo lo que se puede conocer acerca de Dios. De manera similar, quienes creemos en estar llenos del Espíritu Santo después de la conversión, también podemos equivocarnos pensando que conocemos todo lo que se puede conocer acerca del Espíritu Santo.

Oh, amigo mío, apenas estamos en el comienzo. La personalidad de Dios es tan infinitamente rica y diversa que harían falta mil años de búsqueda cercana y comunión íntima para conocer siquiera la orilla de la gloriosa naturaleza de Dios. Cuando hablamos acerca de comunión con Dios y de comunión con el Espíritu Santo, nos referimos a algo que empieza ahora pero que crece y se extiende tanto como la vida misma.

De hecho, me parece que los cristianos de hoy en gran medida desperdician su vida. Se convierten a Cristo, pero nunca han buscado profundizar su conocimiento de Dios. Es una pérdida indecible y una falla, porque se han conformado al nivel que los rodea como algo normal y deseable.

El Espíritu Santo es una Persona viviente, ¡y podemos conocerlo y tener comunión con Él! Podemos susurrarle, ya sea un versículo favorito de la Biblia o un amado himno, y escuchar su voz que nos responde en un susurro. Caminar con el Espíritu puede convertirse en un hábito. Es una gracia procurar conocer las cosas de Dios por medio del Espíritu de Dios en una amistad que trasciende una simple conversación.

Dedícate por completo a conocer a Jesucristo

¿Cómo podemos cultivar esta santa amistad? Nuestra segunda pauta es: Dedícate por completo a conocer a Jesucristo.

Recuerda que Jesús, en el último día de la fiesta, levantó su voz y clamó:

> El que cree en mí, como dice la Escritura, de su interior correrán ríos de agua viva. Esto dijo del Espíritu que habían de recibir los que creyesen en él; pues aún no había venido el Espíritu Santo, porque Jesús no había sido aún glorificado (Jn. 7:38-39).

El derramamiento del Espíritu Santo esperaba y dependía de la glorificación de Jesucristo el Señor. Luego, cuando vino Pentecostés en su plenitud y Pedro se levantó a proclamar su admirable sermón, hizo referencia a ese mismo pasaje en Hechos 2:32-33, y dijo:

> A este Jesús resucitó Dios, de lo cual todos nosotros somos testigos. Así que, exaltado por la diestra de Dios, y habiendo recibido del Padre la promesa del Espíritu Santo, ha derramado esto que vosotros veis y oís.

Debemos recordar siempre que vamos a conocer más íntimamente al Espíritu conforme magnificamos al Señor

Jesucristo. Como dijo Jesús mismo, el ministerio del Espíritu Santo consistiría en tomar las cosas de Cristo y revelarlas a nosotros.

Honra a Jesucristo

Esto nos lleva a una idea afín: honra a Cristo y el Espíritu Santo te honrará. Caminamos con el Espíritu Santo cuando caminamos con Cristo, porque Cristo siempre estará dondequiera que Él es honrado. El Espíritu Santo honrará al que honra al Salvador, Jesucristo el Señor. Démosle honra dándole el título que le corresponde. Llamémosle Señor. Creamos que Él es Señor. Llamémosle Cristo. Creamos que Él es Cristo. Recuerda "que a este Jesús a quien vosotros crucificasteis, Dios le ha hecho Señor y Cristo" (2:36b), y sentándole a su diestra... y sometió todas las cosas bajo sus pies, y lo dio por cabeza sobre todas las cosas a la iglesia" (Ef. 1:20, 22).

Los cristianos de hoy en gran medida desperdician su vida. Se convierten a Cristo, pero nunca han buscado profundizar su conocimiento de Dios.

Siempre que honramos a Jesús, el Espíritu de Dios se regocija en nuestro interior. Él deja de estar encubierto, tiene comunión con nosotros y se revela a Sí mismo. El sol se levanta y el cielo desciende sobre nosotros cuando Jesucristo se vuelve nuestro Todo en todo.

Glorificar a Jesús es la misión de la iglesia, y glorificar a Jesús es la obra del Espíritu Santo. Yo puedo caminar con Él cuando hago lo mismo que Él hace, y voy en la misma dirección que Él va, y viajo a la misma velocidad a la que Él avanza. Debo honrarlo mediante la obediencia, el testimonio, y el compañerismo.

Andar en rectitud

He aquí otra pauta: si vamos a conocer al Espíritu Santo más y más íntimamente, debemos andar en rectitud.

¿Qué sentido tiene contradecir el hecho de que Dios no puede tener comunión dulce con aquellos que no viven ni andan en rectitud? Hemos dado excesiva atención a la gracia en esta era de énfasis en la gracia. Hemos sobrevalorado el papel que otorga Dios a la gracia en la Biblia. Tenemos en el presente, como predijo Judas, que "algunos hombres... convierten en libertinaje la gracia de nuestro Dios, y niegan a Dios el único soberano, y a nuestro Señor Jesucristo" (Jud. 4). Tememos tanto contradecir la absoluta suficiencia de la gracia, que no nos atrevemos a decir a los cristianos que deben vivir rectamente.

Pablo escribió sus epístolas en el Espíritu Santo, y él estableció normas santas de ética y moral interna para la vida interior del cristiano. Puedes leerlas en Romanos, Corintios, Efesios, Colosenses y Gálatas.

Lee el Sermón del monte y las otras enseñanzas de Jesús, y verás que Él sí espera que su pueblo sea limpio, puro y recto.

Alguna vez escuché a un hermano cristiano decir: "Tozer no distingue entre discipulado y salvación. Se puede ser cristiano sin ser discípulo".

Permíteme preguntar: ¿Quién dijo que se puede ser cristiano sin ser discípulo? Yo no creo que se pueda ser cristiano sin ser discípulo. La idea de que puedo venir al Señor y por la gracia tener todos mis pecados perdonados y mi nombre escrito en el cielo, y al Carpintero trabajando en una mansión en la casa de mi Padre, y al mismo tiempo exaltar el infierno en mi camino al cielo, es imposible y contrario a la Biblia. No aparece en la Biblia.

Nunca somos salvos por nuestras buenas obras, pero tampoco somos salvos sin buenas obras. De nuestra fe salvadora en Jesucristo deben inmediatamente brotar, como una primavera, bondad y rectitud. La primavera no viene por medio de las flores, pero no puede haber primavera sin flores. No es mi justicia la que salva, pero la salvación que he recibido produce justicia.

Creo que ha llegado el momento de enfrentar esto: debemos andar en rectitud si hemos de conocer al Señor. El hombre que no está listo para vivir en rectitud no es salvo, y no será salvo, y se llevará una gran decepción en aquel gran día.

La gracia de Dios que trae salvación instruye al corazón para que renuncie a la impiedad y las codicias del mundo, y a vivir sobria, recta y piadosamente en este mundo presente. Ahí tienes las tres dimensiones de la vida: sobriedad que me incumbe en lo personal, rectitud que atañe a mi prójimo, y piedad que me vincula con Dios. No debemos pensar equivocadamente que podemos ser espirituales sin ser justos.

> Siempre que honramos a Jesús, el Espíritu de Dios se regocija en nuestro interior.

Me resulta imposible creer que un hombre esté de camino al cielo cuando sus obras cotidianas indican que a todas luces se dirige más bien al infierno.

¿Andarán dos juntos, si no estuvieren de acuerdo? Él es el Espíritu Santo, y si andamos impíamente, ¿cómo podemos tener comunión con Él?

Cuida tus pensamientos

El quinto consejo que nos puede ser de ayuda es: considera tus pensamientos como un santuario de pureza.

Dios nos revela que nuestros pensamientos son parte de lo que somos. Alguien afirmó que "los pensamientos son cosas", y el Espíritu es puro y todo amor, y todo lo escudriña, todo lo escucha.

¿Puedes imaginar a un hombre que tenga pensamientos maliciosos y malvados, y al mismo tiempo comunión con el amoroso Espíritu Santo?

¿Puedes imaginar a un ególatra que conozca íntimamente al Espíritu Santo?

¿Puedes imaginar a un engañador que tenga comunión cercana con el Espíritu Santo? ¡Jamás!

Amigo mío, si tienes el hábito de entregarte a pensamientos impuros, a abrigarlos y consentirlos, ¡déjame decirte que habitualmente pierdes la comunión con el Espíritu Santo!

Mantén tu mente pura. Limpia el santuario como lo hizo el viejo Ezequías. Cuando habían contaminado el santuario y él asumió el poder, reunió a todos los sacerdotes. Les tomó varios días, pero sacaron toda la inmundicia y la quemaron, la lanzaron al precipicio, se deshicieron de ella, y luego regresaron para santificar el templo. Entonces el Dios bendito vino y ellos volvieron a adorar.

Nuestros pensamientos son la decoración interior del santuario donde habitamos. Si nuestros pensamientos están purificados con la sangre de Cristo, vivimos en una morada limpia, sin importar que llevemos puesto un overol cubierto de grasa. Nuestros pensamientos definen en gran medida la atmósfera y el clima de nuestro ser interior, y Dios considera nuestros pensamientos como parte de nosotros. Deben ser pensamientos de paz, de piedad, de misericordia, de bondad, de caridad, pensamientos acerca de Dios y de si queremos cultivar la relación con el Espíritu Santo, debemos, pues, tener el control de nuestros pensamientos. Nuestra mente no debe ser una jungla donde tiene cabida toda clase de pensamiento impuro.

Recuerda que el Espíritu Santo inspiró la Palabra, y que Él se revelará en la Palabra. Realmente no siento conmiseración por los cristianos que descuidan la Palabra o la ignoran, o que tienen revelaciones aparte de ella. Después de todo, la Palabra es el Libro de Dios, y si conocemos el Libro lo bastante bien, tendremos una respuesta a cada problema en el mundo.

> **El hombre que no está listo para vivir en rectitud no es salvo, y no será salvo, y se llevará una gran decepción en aquel gran día.**

Cada problema que nos atañe tiene respuesta en el Libro. ¡Apóyate en la Palabra! Yo quiero predicar la Palabra, amar la Palabra, y dar a la Palabra el lugar más importante en mi vida cristiana.

Léela mucho, léela con frecuencia, dale vueltas en tu cabeza, piensa en lo que dice, medita en ella. Medita en la Palabra de Dios día y noche. Cuando estés despierto en la noche, piensa en un versículo que te ayude. Cuando te levantes en la mañana, sin importar cómo te sientas, piensa en un versículo y da prioridad a la Palabra de Dios a lo largo de tu día. El Espíritu Santo escribió la Palabra, y si tú la honras, Él te honrará. Es por medio de la Palabra que Él se revela. Entre sus dos cubiertas se encierra un Libro vivo. Dios lo escribió, y es vital, eficaz y vivo. Dios está en este

Libro, el Espíritu Santo está en este Libro, y si quieres encontrarlo a Él, búscalo en este Libro.

Dejemos que los santos de la antigüedad sean nuestro ejemplo. Ellos acudieron a la Palabra de Dios y meditaron en ella. Ellos tenían la Biblia en formato antiguo, hecha a mano, se tiraban en el suelo y meditaban en la Palabra. Conforme esperaban, su fe crecía. El Espíritu y la fe los iluminaban. Solo tenían una Biblia con letra pequeña, márgenes estrechos y papel de mala calidad, pero conocían sus Biblias mejor que algunos de nosotros con todas las ayudas con las que contamos.

Practiquemos el arte de la meditación bíblica. Pero, por favor, no escojas una frase aislada para fundar un club. Ya tenemos organizaciones hasta la saciedad. Medita nada más en ella. Seamos cristianos sencillos, considerados. Abramos nuestras Biblias, pongámoslas sobre una mesa y dispongámonos a meditar en la Palabra de Dios. Esta se revelará a nosotros, y el Espíritu de Dios vendrá y le dará vida a la Palabra.

Te desafío entonces a meditar durante un mes en silencio, con reverencia, en oración. Deja a un lado las preguntas y las respuestas, las líneas para rellenar, y los pasajes que no logras entender. Abandona toda basura despreciable y toma la Biblia, ponte de rodillas, y en fe, declara: "Heme aquí, Padre, ¡empieza a enseñarme!".

Con toda seguridad, el Padre te enseñará acerca de Él mismo, acerca de Jesús, y acerca del Espíritu, y acerca de la vida y la muerte, el cielo y el infierno, y de su propia presencia.

Practica su presencia

Para terminar, nuestra última pauta consiste en cultivar el arte de reconocer la presencia del Espíritu en todas partes, todo el tiempo.

El Espíritu del Señor llena el mundo. El Espíritu Santo está aquí, y te resultará imposible huir y esconderte de su presencia. David intentó hacerlo, y en el Salmo 139 dice cómo descubrió que no puede esconderse de Dios.

David dijo: "Si subiere a los cielos, allí estás tú; y si en el Seol hiciere mi estrado, he aquí, allí tú estás... Si habitare en el extremo del mar, aun allí me guiará tu mano, y me asirá tu diestra" (139:8-10); "si dijere: Ciertamente las tinieblas me encubrirán; aun la noche resplandecerá alrededor de mí" (139:11). Él testificó que no podía huir de la presencia de Dios.

Si tú te interesas en Él, lo encontrarás allí mismo donde estás. Su Presencia te rodea. Cuando despiertes en la mañana, en lugar de clavar tus ojos en el diario, ¿por qué no meditar en Dios un poco mientras te comes tu toronja? Recuerda que cultivar la relación con el Espíritu Santo es trabajo. Es algo que tú haces, pero es fácil, y un deleite.

Por otro lado, te recomendaría examinarte para identificar aquello que te ha frenado en tu experiencia cristiana, lo que te ha impedido progresar, la razón por la cual no conoces a Dios tan bien como antes.

Todo depende de cuál sea tu respuesta a ciertas preguntas acerca de tu vida y tus hábitos diarios, algunas cosas que practicas, y otras que omites. ¿Ocultan de ti estas cosas el rostro de Jesús? ¿Roban a tu espíritu el gozo? ¿Minan tu deleite en la Palabra de Dios? ¿Hacen ver las cosas terrenales más apetecibles y el cielo más distante?

Puede que necesites arrepentirte. Puede que necesites limpieza en tu vida antes de que el Espíritu Santo venga y abrigue tu corazón, lo renueve y lo perfume con su presencia. Así es como cultivamos la amistad y el compañerismo con el Espíritu.

9

¡EL ESPÍRITU SANTO LO CAMBIA TODO!

He aquí, yo enviaré la promesa de mi Padre sobre
vosotros; pero quedaos en la ciudad de Jerusalén,
hasta que seáis investidos de poder desde lo alto.

LUCAS 24:49

He aquí una verdad muy simple, clara y poderosa: ¡el Espíritu Santo lo cambia todo!

Nuestro Señor dijo a sus discípulos que tenían delante de sí una obra que iba a sacudir al mundo. La obra consistía en predicar a toda criatura el evangelio de Cristo, su redención y transformación.

No obstante, justo después del mandato de ir y predicar a los hombres las buenas nuevas de salvación por la fe, Jesús les prohibió ir. Debió existir una razón muy convincente para que ellos tuvieran que esperar para obedecer sus instrucciones.

A fin de que logremos apreciar la gran diferencia que se observa en las personas sobre las cuales el Espíritu Santo ha venido en poder, miraremos primero la experiencia de estos discípulos a quienes Jesús habló.

Recuerda que se trata de sus discípulos que fueron llamados y escogidos.

Las Escrituras nos dicen claramente quiénes eran, y nos relatan la extensa instrucción que recibieron nada menos que del Señor Jesucristo mismo. En este sentido, ellos se graduaron del mejor seminario bíblico del mundo. Jesús en persona les enseñó durante más de tres años.

Observa también que ellos habían recibido y poseído autoridad divina.

Estos discípulos tuvieron una autoridad que muy pocas personas se atreverían a ejercer en la actualidad. Jesús les dijo: "Vayan por todas partes. Cuando echen fuera demonios, cuando sanen a los enfermos, ¡tomen toda mi autoridad!". Él no otorga su autoridad a personas que no han tenido experiencia espiritual, ¡de eso puedes estar seguro!

En efecto, estas personas a las que Jesús dijo: "quedaos... hasta que seáis investidos de poder" (Lc. 24:49) conocían a Jesús de manera cálida y cercana. Habían estado con Él a lo largo de tres años, lo habían visto morir en una cruz, lo habían visto después de resucitar. ¡Lo conocieron vivo, muerto, y resucitado! Ellos dieron muestras evidentes de que habían experimentado una conversión genuina.

Yo sé que algunas personas enseñan que los discípulos se convirtieron cuando descendió sobre ellos el Espíritu Santo en Pentecostés. Para ser sincero, yo no lo creo. Se trata de un giro doctrinal que se han inventado para dar licencia a su propia carnalidad.

Creo que fue evidente que los discípulos habían experimentado una verdadera conversión, y así lo declaró Cristo.

Si tienes dudas, lee la oración que hizo Jesús acerca de estos discípulos en Juan 17:7-9:

> Ahora han conocido que todas las cosas que me has dado, proceden de ti; porque las palabras que me diste, les he dado; y ellos las recibieron, y han conocido verdaderamente que salí de ti, y han creído que tú me enviaste. Yo ruego por ellos...

Luego dijo en el versículo 14: "Yo les he dado tu palabra; y el mundo los aborreció, porque no son del mundo, como tampoco yo soy del mundo". Estas son afirmaciones que hizo Jesús acerca de sus discípulos. No parecen en absoluto palabras pronunciadas acerca de un grupo de pecadores que todavía necesitan convertirse.

Permíteme recordarte de nuevo que Jesucristo había trazado para los discípulos un programa de evangelización mundial, y les prometió que recibirían poder del Espíritu Santo a fin de dar testimonio eficaz a todos los rincones de la tierra. Él dijo que entrarían a una nueva era. Dios iba a introducirlos a un cambio de dispensación, pero no iba a hacerlo sin una experiencia previa de ascenso espiritual.

Dios tiene sus dispensaciones en la obra que lleva a cabo entre los hombres, pero no tiene calendarios para sacar el mes de enero y cambiarlo por el mes de febrero y así ajustar las dispensaciones. Sus dispensaciones tienen que ver con personas, no con calendarios. Tienen que ver con experiencias reales, no con una medida de tiempo. Cuando iban a entrar a una nueva era, no solo se trataba de un cambio de dispensación, sino que venía precedida de una nueva inspiración divina mediante la cual eran revestidos con poder de lo alto. Recibían un poder que no habían tenido antes. Y este poder entraba en ellos y se apoderaba de ellos, y les permitía experimentar a Dios de una forma totalmente nueva. El poder era, de hecho, una Persona que entraba en ellos y venía a morar en ellos.

Esta es la diferencia entre cristianismo y todos los cultos y religiones orientales. Todas las religiones tratan de despertar lo que ya existe en el ser humano, mientras que el cristianismo dice: "Lo que tú tienes no es suficiente, ¡necesitas una porción que solo viene de arriba!". Esa es la diferencia. Los otros cultos dicen "Despierta lo que está en ti", y esperan que eso sea suficiente.

> **Desde el momento en que nacemos empezamos a morir.**

A manera de ilustración, si cuatro o cinco leones vinieran hacia ti, nunca se te ocurriría decir a un pequeño *French poodle*: "Despierta al león que hay en ti". Eso no funcionaría, no sería suficiente. Destrozarían a la criatura y la devorarían, con su pelo peinado y todo, porque un *French poodle*, sencillamente, no cuenta con lo necesario para enfrentar una manada de leones. Para poder vencer, un poder superior y por fuera de él tendría que hacerlo más grande y poderoso que un león.

Eso es exactamente lo que el Espíritu Santo declara que hace por el creyente. Aun así, las religiones insisten en decir: "Concéntrate, libera tu mente y los poderes creativos que hay en tu interior".

El hecho, simple y llano, es que esa clase de poder creativo no reside en nuestro interior. Desde el momento en que nacemos empezamos a morir. A veces me he preguntado por qué los bebés lloran al nacer, ¿podría ser que no quieren morir? Empiezan a morir en el instante en que nacen. Todas estas enseñanzas acerca de la potencialidad interior, de los impulsos creativos, del despertar de tu verdadero yo, son difíciles de defender, porque vivimos sobre la tierra apenas lo suficiente para mantenernos en pie. A medida que envejecemos, la gravedad nos empuja y lentamente nos arrastra y, por último, nos pasa por encima. Al final nos damos por vencidos con un suspiro, y volvemos a la madre tierra. Esa es la clase de potencialidad que tiene la raza humana, la potencialidad para convertirse en cadáver.

El Dios Todopoderoso nos dice: "Yo no quiero despertar el poder que hay en ti. ¡Tú recibirás el poder del Espíritu Santo que vendrá sobre ti!". Eso es algo completamente diferente. Si lo único que necesitáramos fuera ser despertados, el Señor simplemente nos hubiera despertado. Pero necesitamos mucho más que eso. Necesitamos ser revestidos de poder de lo alto.

Así que estos discípulos tenían que entrar en una nueva era, la cual tenía que definirse por algo grandioso y nuevo, una condición espiritual enriquecida. A partir de esto, ¿cuáles son las diferencias que vemos en estos discípulos?

Primero, a fin de preparar el terreno, miraremos algunas características que poseían estos discípulos antes de la venida del Espíritu Santo, las cuales evidencian aquellas bendiciones que Él no tuvo que concederles en Pentecostés.

Por ejemplo, ellos eran discípulos verdaderos, y eran conscientes de su discipulado y de su autoridad, la cual habían recibido de Cristo. Eran los amados discípulos del Señor. Esto no sucedió en Pentecostés. Ellos ya se habían convertido, habían sido perdonados, y gozaban de comunión con Cristo, y tenían algo que muchos ministros de hoy no tienen, que es el don de la predicación: "pasaban por todas las aldeas, anunciando el evangelio y sanando por todas partes" (Lc. 9:6).

También tenían el poder para hacer milagros, así que cuando regresaron para relatar las manifestaciones de su poder, el Señor los reprendió por su orgullo, y les dijo que debían alegrarse más bien de que sus nombres estuvieran escritos en el cielo. Sin embargo, Él no negó que ellos habían ejercido el poder que les había dado, porque Él lo sabía. ¡Él mismo se lo había dado! Algunos enseñan que si alguien es lleno del Espíritu Santo sucederán milagros, olvidando así que los discípulos tenían el poder para hacer milagros antes de ser llenos del Espíritu.

Necesitamos ser revestidos de poder de lo alto.

El poder del Espíritu Santo no es necesario para hacer milagros. El poder del Espíritu Santo es infinitamente superior, excelso y más maravilloso que eso. Ellos realizaron milagros antes de que el Espíritu viniera.

Ahora bien, observa la diferencia en sus vidas y en sus experiencias cuando el Espíritu Santo descendió sobre ellos, no en los días previos sino posteriores a Pentecostés, después del derramamiento del Espíritu Santo.

Lo que hizo el Espíritu por ellos

Es fácil enumerar siete efectos que produjo el Espíritu en ellos, y puedes confirmar cada uno en las Escrituras. Creo que deberíamos enfocarnos en aquello que Dios resalta, insistir en su énfasis divino, escudriñando las Escrituras y siendo fieles a la clara enseñanza de la Palabra. Veamos cuáles son.

Conocieron su presencia

Primero, ellos experimentaron una consciencia repentina y resplandeciente de la presencia del Dios viviente propiamente dicha.

Ellos conocían a Jesús y lo amaban, pero con la venida del Espíritu Santo recibieron un conocimiento repentino e iluminador de Dios mismo que estaba presente en medio de ellos. Un velo fue quitado, y sintieron a Dios, y a partir de ese momento gozaron de una agudeza sin igual para percibir a Dios. Sabían que estaban en contacto inmediato con otro mundo, y eso es exactamente lo que la iglesia actual promedio no tiene.

Nosotros no estamos en contacto con otro mundo. De hecho, nos contentamos con estar en contacto con este mundo y con lo que este ofrece. Esos discípulos "eran de otro mundo". Creo que sobre nosotros debería haber una sensibilidad particular de Dios y del cielo. Deberíamos vivir, día a día, con la consciencia y el discernimiento de Dios y del cielo, sin importar que seamos negociantes, maestros, amas de casa, estudiantes, o cualquier otra cosa.

Yo puedo decirte que solo el Espíritu Santo puede dar, traer, impartir y mantener en nuestra vida esa consciencia de la presencia Divina. Para esos discípulos en Pentecostés fue como si una nube hubiera descendido y una ciudad de Dios, antes invisible e inimaginable, fuera de repente una realidad que podían ver claramente con sus propios ojos.

Recibieron gozo

La segunda diferencia es esta: ellos recibieron el gozo del Espíritu Santo.

Podemos observar el cambio inmediato en el tono emocional. En los cuatro Evangelios no hubo mucho gozo. Hubo instrucción, y hubo una paz discreta y sutil, pero no mucho gozo. Cuando pasaron al libro de Hechos cambiaron del modo menor al modo mayor. Esto me hace pensar en las antiguas canciones judías escritas en modo menor. Son tristes y melancólicas, sin gozo verdadero. Expresan llanto y gemidos, ruegos y lamentos, pero nunca llegan a la respuesta del gozo interior.

Pienso en el amado pueblo de Dios que ora siempre pidiendo gozo, luz, y toda bendición, y aun así no lo recibe. Se emocionan el domingo, y luego recaen a un nivel más bajo el lunes. Tal vez se emocionan un poquito el miércoles en la noche, pero nunca pareciera perdurar. La campana pierde su badajo, y ya no tiene cómo sonar.

> Deberíamos vivir, día a día, con la consciencia y el discernimiento de Dios y del cielo, sin importar que seamos negociantes, maestros, amas de casa, estudiantes, o cualquier otra cosa.

Pues bien, ahora el gozo y la felicidad de estos discípulos eran el gozo, la bendición y el deleite del Espíritu Santo. Su felicidad ya no era la felicidad de Adán, ni la felicidad natural. Los seres humanos se esfuerzan por fabricar algún tipo de gozo. Lo intentan en las salas de baile, lo intentan con bandas de rock, lo buscan en programas de televisión. Pero aun así no vemos rostros verdaderamente felices. Pareciera que las personas estuvieran siempre en algún tipo de trance de frialdad. Tal es el esfuerzo por producir gozo en Adán, y Adán no es, en esencia, feliz. Adán tiene que morir y volver a la tierra, e ir al infierno, a menos que se convierta por medio de la sangre de Cristo.

No, la raza humana no es esencialmente feliz, ¡somos cualquier cosa menos eso! El gozo del Espíritu Santo no es una realidad alterada, es un gozo que sigue a la resurrección. Cristo salió del sepulcro, y el Espíritu del Cristo resucitado regresa a su pueblo. El gozo que tenemos es el gozo que mira el sepulcro en retrospectiva. No es un gozo que existe a pesar de que sabemos que tenemos que morir; es un gozo que se desprende del hecho de que en Cristo ya hemos muerto, y resucitado, y no hay muerte real para el verdadero hijo de Dios.

Predicaron con poder

El tercer efecto transformador que trajo el Espíritu Santo fue el impresionante poder de sus palabras para penetrar y cautivar.

No hace falta explicar que existen diferencias en el poder de convencimiento de las palabras. Las mismas palabras, o la misma frase, pronunciada por un hombre, te dejarán convencido, mientras que en boca de otro pueden dejarte completamente indiferente. Esa es la diferencia que marca el Espíritu Santo. Jesús dijo: "recibiréis poder" (Hch. 1:8), y la palabra "poder" significa la capacidad para hacer. Cuando Pedro predicó en Pentecostés, las personas al escucharlo se sintieron afligidos en sus corazones. Esas palabras los atravesaron. Hechos 2 dice que "al oír esto, se compungieron de corazón, y dijeron a Pedro y a los otros apóstoles: Varones hermanos, ¿qué haremos?" (2:37). Esa es compunción de corazón.

No cito el griego con mucha frecuencia, porque da la impresión de que un hombre sabe más de lo que en realidad conoce. Pero en el Evangelio de Juan, cuando se refiere al soldado que atravesó el costado de Jesús (Jn. 19:34), la palabra griega que se usa no es tan fuerte como la palabra "compungido", que se emplea en este pasaje de Hechos. Para resumir, las palabras de Pedro en Pentecostés penetraron más hondo en el corazón de los oyentes que la espada en el cuerpo de Jesús. La palabra es más fuerte en griego. El Espíritu Santo penetró, y esa es una de las obras del Espíritu Santo. Él afila la punta de las flechas del hombre de Dios. Moody dijo que él predicaba los mismos sermones después de ser lleno del Espíritu, pero descubrió que había una gran diferencia, porque ahora tenía ese poder que penetraba. Antes intentaba simplemente razonar con las personas, rogarles y presionarlas para que vinieran. Lo que vino después fue la penetración divina que atravesaba todo el ser, más allá del razonamiento de las personas.

Tenían autoridad

En cuarto lugar, hubo de repente un claro sentido de la realidad de todas las cosas.

Notarás a lo largo de los cuatro Evangelios que los discípulos hacían preguntas, mientras que en el libro de Hechos y después de Pentecostés ellos eran quienes las respondían. Esa es la diferencia entre el hombre que está lleno del Espíritu y el hombre que no. El predicador que no está lleno del Espíritu usa muchas frases como "ahora preguntémonos...". A menudo me he preguntado por qué el reverendo ha querido hacerse una pregunta a sí mismo. ¿Por qué no resolvió esa cuestión antes de subir al púlpito? "¿Qué podemos decir?". "¿Qué deberíamos pensar?". Dios nunca pone a un predicador en el púlpito para que formule preguntas. Él lo pone allí con autoridad para pararse en el nombre de Dios y hablar, y dar respuestas.

En los cuatro Evangelios, los discípulos habían formulado muchas preguntas. "Señor, ¿qué va a suceder? Señor, ¿cómo va a suceder? Señor, ¿quién? Señor, ¿qué?". En cambio, ahora se paraban con autoridad y respondían preguntas. El mismo Pedro que furtivamente trataba de calentar sus manos en el fuego del mundo y mintió a la mujer que reconoció su acento (Mt. 26:69-74) estaba de pie con valentía para predicar la Palabra del Señor. Había una diferencia. Había autoridad.

No quiero ser descortés, pero estoy convencido de que debería haber mucha más autoridad en el púlpito de lo que hay en la actualidad. Un predicador debería reinar desde el púlpito como un rey desde su trono. No debe reinar por la ley ni por las reglas, ni por medio de juntas o la autoridad de un hombre. Debe reinar por dominio moral.

Cuando el Espíritu Santo viene, Él toma las cosas de Dios y las traduce a un lenguaje que nuestros corazones pueden entender.

Cuando un hombre de Dios se levanta y habla, debe tener la autoridad de Dios sobre Él para que las personas asuman la responsabilidad de escucharlo. Cuando no lo escuchan, se hacen responsables delante de Dios por dar la espalda a la divina Palabra. En lugar de estas figuras indispensables de autoridad, tenemos gatos domesticados con sus garras cuidadosamente cortadas en el seminario, para poder tocar a la congregación sin jamás rasguñarlos. Tienen sus garras cortadas y son de lo más tierno y suave.

Permíteme decirte que yo me convertí al escuchar a un

predicador callejero. Yo era joven, y trabajaba, y empecé a congregarme en la iglesia más cercana. No conocía una mejor. La primera vez que saludé al pastor fue como dar la mano a un bebé. Estoy seguro de que él no había trabajado con sus manos desde que tenía dieciocho años, porque sus manos eran extremadamente suaves. Recuerdo que predicó un domingo acerca de un harpa, y tituló su mensaje "Un arpa de mil cuerdas". No dijo mucho, pero se expresó bellamente, y terminó diciendo algo así como: "Estoy, pues, seguro de que el alma de un hombre es el arpa de mil cuerdas".

Yo regresé a casa, y no escuché ningún arpa. No escuché ninguna autoridad. Yo creo en la autoridad de Dios, y creo que, si un hombre no la tiene, debería retirarse y orar, y esperar hasta tenerla, y entonces pararse a hablar aun si tiene que empezar predicando en una esquina sobre una caja de jabón. ¡Que vaya a una misión de rescate y predique con autoridad! Así era en aquellos días cuando se ponían de pie a predicar. ¡Tenían autoridad!

Fueron separados

Esta es la quinta característica: la llenura del Espíritu Santo produce una separación radical entre el creyente y el mundo.

De hecho, después de Pentecostés, ellos miraban otro mundo. En realidad, vieron otro mundo.

En la actualidad, se percibe que incluso una gran parte del cristianismo evangélico trata de convertir este mundo a la iglesia. Estamos trayendo el mundo patas arriba, sin regenerar, sin purificar, sin confesar, sin bautizar, sin santificar. Estamos trayendo el mundo directo a la iglesia. Si logramos conseguir que un pez gordo haga algún comentario positivo acerca de la iglesia, corremos a imprimir lo que este personaje es y sus opiniones favorables. A mí me tienen sin cuidado los peces gordos, porque yo sirvo a un Salvador vivo, y Jesucristo es Señor de señores y Rey de reyes. Yo creo que todo hombre debería conocer esta capacidad de ver otro mundo.

Se convirtieron en hombres de oración

La sexta gran diferencia es la siguiente: se deleitaban en la oración y en la comunión con Dios. ¿Recuerdas que en aquellos momentos de oración que registran los evangelios, el único que podía permanecer despierto era Jesús? Los otros trataban de orar, pero se acercaron a Jesús y le pidieron: "Enséñanos a orar" (Lc. 11:1). Él sabía que no puedes simplemente enseñar a alguien a orar. Algunas iglesias promocionan ahora cursos acerca de cómo orar. ¡Qué ridículo! Eso es como dar un curso acerca de cómo enamorarse. Cuando el Espíritu Santo viene, Él toma las cosas de Dios y las traduce a un lenguaje que nuestros corazones pueden entender. Incluso si no conocemos la voluntad de Dios, el Espíritu Santo sí la conoce, y Él ora "con gemidos indecibles" (Ro. 8:26). Estos discípulos eran personas de oración. En el libro de Hechos, los encontrarás en reuniones de oración. Pero antes de eso, se quedaban dormidos. La diferencia fue el Espíritu. Ahora se deleitaban en gran manera en la oración.

Amaban las Escrituras

La séptima y última característica tiene que ver con la manera como ellos amaban las Escrituras de Dios.

Podrás observar que Jesús citó las Escrituras en los Evangelios, pero los discípulos citaron las Escrituras en el libro de Hechos. ¡Era diferente! Recuerdo que escuché a un querido santo de Dios que dijo: "Cuando fui lleno del Espíritu, amaba tanto las Escrituras que si comerlas hubiera aportado más Palabra de Dios a mi interior, me habría comido el Libro. Hubiera podido comérmelo, en sentido literal, con la cubierta de cuero y todo, si esto hubiera añadido más del Libro a mi corazón".

Pues bien, no recibes más comiéndolo, pero la Palabra de Dios es dulce para la persona llena del Espíritu porque el Espíritu es el autor de las Escrituras. No puedes leerlas con el espíritu de Adán, porque fueron inspiradas por el Espíritu de Dios. El espíritu del mundo no aprecia las Escrituras. Es el Espíritu de Dios el que imparte el aprecio por ellas. Un pequeño destello del Espíritu Santo te dará más iluminación interior y divina sobre el significado del texto que todos los comentarios jamás escritos por los eruditos. Sí, tengo comentarios. Solo estoy tratando de mostrarte que si tienes todo, menos la llenura del Espíritu, no tienes nada. Cuando tienes el Espíritu Santo, Dios puede usar cualquier cosa para proveerte iluminación.

El asombro viene a nosotros cuando recibimos el Espíritu Santo, y es lo que necesitamos.

En la actualidad nos inclinamos a vivir por rumores. Nuestro sentido de la realidad se ha vuelvo borroso y difuso. El "asombro" ha desaparecido.

En este momento quisiera relatar los acontecimientos que tuvieron lugar en Europa entre los moravos en 1727. Eran personas calladas, como tú y yo, pero esperaron y prepararon sus corazones, y una mañana, de repente, les sobrevino lo que ellos denominaron "una consciencia de la cercanía amorosa del Salvador, por impartición instantánea".

Cuando al Espíritu Santo se le permite establecer un vínculo íntimo con un alma humana, Él nunca habla de Sí mismo, sino que siempre habla del Señor Jesucristo.

Él viene a revelar a Jesús, y aunque es el Espíritu Santo el que descendió sobre esa congregación de moravos en 1727, ellos no hablaron de una amorosa cercanía del Espíritu. Ellos hablaron de "una consciencia de la cercanía amorosa del Salvador, por impartición instantánea".

El conde Zinzendorf escribió que el pequeño grupo de setenta y cinco creyentes alemanes se levantó y salió de ese edificio tan feliz y tan gozoso que no sabían si estaban en la tierra o habían ido al cielo. El historiador dice que, como resultado de esa experiencia, en el lapso de veinte años solo estos cristianos moravos llenos del Espíritu hicieron más por las misiones en el mundo que la Iglesia entera en todas partes en 200 años. Los convirtió en misioneros, y ellos cubrieron su obra y su misión en oración.

¿Sabes qué sucedió? Los moravos lograron la conversión de un hombre llamado Charles Wesley, y de su hermano John Wesley. Mientras John cruzaba el océano Atlántico se desató tal tormenta que aun los marineros tenían miedo. John Wesley se dio cuenta de que un puñado de cristianos moravos eran los únicos que no tenían miedo. Se habían juntado a cantar himnos, con sus rostros resplandecientes. Al preguntarles por qué no oraban, y por qué estaban felices, ellos respondieron: "Si el Señor quiere que nos ahoguemos, ¡una muerte fugaz será gloria repentina!".

Wesley, un anglicano solemne, no sabía qué pensar de esto, pero la respuesta penetró hasta lo más hondo de su alma. Fue a hablar con su hermano Charles, y descubrió que ya se había convertido.

Más adelante, John buscó a Peter Bowler, el moravo, y dijo: "Peter, mi hermano Peter, yo no tengo lo que tú tienes, y no tengo lo que tiene mi hermano Charles. ¿Qué puedo hacer?".

Bowler contestó: "Es por la gracia, hermano, ¡todo es por gracia!".

John Wesley dijo: "Bueno, yo no tengo gracia. ¿Qué debo hacer? ¿Debo dejar de predicar?".

Peter Bowler le dijo: "Predica la gracia porque está en la Biblia, y luego, cuando la tengas, ¡predica de ella porque la tienes!".

Poco tiempo después, Wesley sintió un insólito ardor en su corazón, y más adelante el metodismo se extendió por todo el mundo. El Ejército de Salvación se originó en el mismo derramamiento pentecostal que se produjo entre los moravos en 1727. No sucedió nada espectacular, no hubo lenguas, nadie se trepó a un poste ni gateó sobre la paja. Estos eran alemanes buenos y de buena conducta, pero el Espíritu Santo vino a morar donde debía estar, en su interior, haciendo a Jesús real. Estaban tan llenos de gozo que apenas podían permanecer de pie.

El Nuevo Testamento habla del sentido de "asombro" que había entre los cristianos primitivos. La iglesia de nuestros días pareciera haberlo perdido. Podemos explicar todo, mientras que, a lo largo del libro de los Hechos y en las Epístolas, percibimos una nota constante de sorpresa gozosa. A diario gozaban de las benditas sorpresas del Dios vivo. Él los bendecía al punto de dejarlos asombrados.

Recuerdo que R. R. Brown, de Omaha, una vez me dijo: "¡Dios es tan bueno conmigo que me asusta!". Él usó la palabra asustar en lugar de asombrar, pero eso es lo que quiero decir. El asombro viene a nosotros cuando recibimos el Espíritu Santo, y es lo que necesitamos. ¡Que el Señor nos lo conceda! Sin duda alguna, ¡el Espíritu Santo lo cambia todo!

10

LA PALOMA CELESTIAL: AHUYENTADA POR LA CORRUPCIÓN

*Y vio Jehová que la maldad de los hombres era mucha en la
tierra, y que todo designio de los pensamientos del corazón de
ellos era de continuo solamente el mal. Y se arrepintió Jehová
de haber hecho hombre en la tierra, y le dolió en su corazón.
Y dijo Jehová: Raeré de sobre la faz de la tierra a los hombres
que he creado, desde el hombre hasta la bestia, y hasta el reptil
y las aves del cielo; pues me arrepiento de haberlos hecho.*

GÉNESIS 6:5-7

*Dijo, pues, Dios a Noé: He decidido el fin de todo ser,
porque la tierra está llena de violencia a causa de ellos;
y he aquí que yo los destruiré con la tierra. Hazte un
arca de madera de gofer; harás aposentos en el arca, y
la calafatearás con brea por dentro y por fuera.*

GÉNESIS 6:13-14

El año seiscientos de la vida de Noé, en el mes segundo, a los diecisiete días del mes, aquel día fueron rotas todas las fuentes del grande abismo, y las cataratas de los cielos fueron abiertas, y hubo lluvia sobre la tierra cuarenta días y cuarenta noches.

GÉNESIS 7:11-12

Y murió toda carne que se mueve sobre la tierra, así de aves como de ganado y de bestias, y de todo reptil que se arrastra sobre la tierra, y todo hombre... Así fue destruido todo ser que vivía sobre la faz de la tierra, desde el hombre hasta la bestia, los reptiles, y las aves del cielo; y fueron raídos de la tierra, y quedó solamente Noé, y los que con él estaban en el arca.

GÉNESIS 7:21, 23

Sucedió que al cabo de cuarenta días abrió Noé la ventana del arca que había hecho, y envió un cuervo, el cual salió, y estuvo yendo y volviendo hasta que las aguas se secaron sobre la tierra. Envió también de sí una paloma, para ver si las aguas se habían retirado de sobre la faz de la tierra. Y no halló la paloma donde sentar la planta de su pie, y volvió a él al arca, porque las aguas estaban aún sobre la faz de toda la tierra. Entonces él extendió su mano, y tomándola, la hizo entrar consigo en el arca. Esperó aún otros siete días, y volvió a enviar la paloma fuera del arca. Y la paloma volvió a él a la hora de la tarde; y he aquí que traía una hoja de olivo en el pico; y entendió Noé que las aguas se habían retirado de sobre la tierra. Y esperó aún otros siete días, y envió la paloma, la cual no volvió ya más a él.

GÉNESIS 8:6-12

Vamos a prestar especial atención a Génesis 8:9: "Y no halló la paloma donde sentar la planta de su pie...".

Sin embargo, primero debemos pensar en la clase de mundo antediluviano que Dios vio y juzgó.

Dios examinó los corazones de los hombres y vio que la humanidad era malvada y corrompida, que pensaban e imaginaban de continuo el mal. ¿Qué ve Dios ahora? Este momento amerita un recordatorio de lo que dice la Palabra de Dios acerca de la necesidad del Espíritu Santo en nuestro mundo, y una evaluación honesta de aquellos a quienes el mundo considera "hombres buenos".

El mundo contra el Espíritu

¿Por qué dijo Jesús, refiriéndose al Espíritu Santo, que "el mundo no puede recibir, porque no le ve, ni le conoce (Jn. 14:17)? Hay un hecho que los cristianos deberían grabar en su mente: el mundo nada sabe acerca del Espíritu Santo. El mundo nada sabe acerca del Espíritu, pero el mundo habla acerca de sus hombres buenos. El mundo aprecia a un buen hombre cuando hace donaciones para universidades y hospitales. Se escriben libros acerca de él, se convierte en una celebridad si dirige una clínica que cuida leprosos. El mundo sabe de hombres buenos, pero no tiene afinidad alguna por el Espíritu Santo, porque aun los hombres buenos están bajo el juicio de Dios. Lo mejor que tenemos en el mundo, incluso nuestras universidades, nuestras sociedades humanitarias, lo mejor que tenemos aparte del nuevo nacimiento, aparte de la presencia de Dios en la vida del hombre, es solo corrupción, y la ira de Dios está sobre ella. ¡El mundo no puede recibir al Espíritu de Dios!

El resultado de lo que Dios vio entre los hombres fue dolor para su corazón, y solo el amor puede sentir dolor. No puedes dolerte a menos que ames. Dios amó al hombre al que había creado, y a la raza degenerada y corrupta que descendió de él. El dolor que Dios sintió fue motivado por su amor, y por eso se llenó de inquietud.

Juicio y misericordia

En ocasiones, la decisión más bondadosa que puede tomar un médico es ordenar una amputación. De lo contrario, el paciente morirá. Dios, que amó a la humanidad, vio al hombre y vio que la corrupción moral se había extendido por todo el torrente sanguíneo, por los tejidos y las células. Él sabía que el paciente moriría, a menos que en su bondad enviara juicio para destruirlo. Salvaría a unos pocos para empezar de nuevo, a fin de que la raza no pereciera cargando el peso de su propio pecado. Dios envió un juicio sobre la tierra, y las aguas cubrieron el planeta, como antes cubrían el mar.

Al cabo de muchos días, el arca seguía flotando con sus ocho tripulantes, los animales, los pájaros y todas las otras criaturas a bordo. Por fuera del arca, hacía mucho que el agua del diluvio llena de cadáveres y cosas muertas ya no cubría la tierra completamente. La corrupción ya había empezado a establecerse.

Noé abrió el arca cuando reposó sobre el monte Ararat. Como sabrás, las ventanas del arca estaban en la parte superior con vista al cielo, y al parecer no había compuertas para que Noé pudiera mirar hacia abajo. Noé decidió explorar a través del ave si había tierra seca. Él quería saber si las aguas del juicio habían decrecido. Abrió la ventana y envió el cuervo.

Aquí tenemos una escena que quizás resulta difícil visualizar o comprender. Vemos un ave negra que sobrevuela destrucción. ¿Cuál era esa escena desoladora? ¿Qué significaba todo eso? ¿Qué representaba todo eso? Representaba el juicio de Dios. El desagrado y el enojo de Dios cubrían el mundo. Las aguas del juicio, el cieno abrasador, los cadáveres flotantes, todas las cosas muertas y las toneladas de desechos, los desperdicios sobre las aguas son marcas del juicio de Dios sobre el mundo. El oscuro pájaro cruzó la devastación, y su oscuro corazón se sintió allí en casa, porque era un pájaro carroñero, y se sentía a gusto entre la carroña. Conforme el cuervo se alejaba del arca tibia y alumbrada, y de la presencia de Noé, graznó encantado.

La evidencia de la muerte y el juicio debió haber sido un espectáculo repulsivo y horrible, pero el cuervo estaba hecho para eso. Algo en su oscuro corazón amaba eso, porque de eso vivía. Probablemente descendió de inmediato y se posó sobre un cadáver cercano. Empezó a arrancar trozos de carne medio descompuesta con sus potentes garras y su pico. Arrancó y comió hasta saciarse y quedar adormecido del exceso de comida. Luego, sujetando con sus garras el desecho flotante, satisfecho y relajado, se quedó dormido con un graznido de buenas noches. La felicidad que había encontrado era lo que su corazón ansiaba. Corrupción y desolación, cieno y mugre, carne podrida y restos muertos. Todo satisfacía su disposición y temperamento. Se nutría de la mortandad flotante.

La humanidad como el cuervo

Esta constituye una brillante ilustración de cómo son las cosas en el mundo actual. Cuando el hombre pecó, y hubo separación entre él y Dios, salió del lugar que había sido Edén y empezó a reproducirse, a pesar de que pesaba sobre él el juicio de Dios. "Porque el día que de él comieres, ciertamente morirás" (Gn. 2:17). Dios prometió: "Y de la manera que está establecido para los hombres que mueran una sola vez, y después de esto el juicio" (He. 9:27).

Dios dice que todo hombre le desagrada, y que, a menos que nos arrepintamos, todos pereceremos. Todas las naciones del mundo se convertirán en un infierno. A Dios le desagradan las naciones del mundo. Le desagrada el oriente, y el occidente. Él enviará su juicio sobre los gobiernos opresores, y también enviará su juicio sobre las naciones del mundo que se llaman libres. El gran juicio de Dios es sobre la humanidad, sobre todo el linaje de la humanidad, ya sean rojos, amarillos, negros, blancos, educados o ignorantes, cultos o incultos, hombres cavernícolas o civilizados de todos los lugares del mundo. Aun así, esto pareciera no importar a las personas, porque hay en el hombre algo que se llama pecado. No le inquieta en absoluto, porque él es tal cual el cuervo, se siente a gusto en medio de la desolación. Su oscuro corazón tenía afinidad por el juicio y la desolación. El hombre también se siente a gusto en un mundo que está bajo el juicio de Dios.

> **Cuanto más bondadoso es un hombre, más será despreciado por aquellos que aman la desolación, la oscuridad y el pecado del mundo.**

Solo ha existido un Hombre bueno en el mundo. Solo consiguió permanecer vivo treinta y tres años, y luego lo tomaron y lo clavaron en la cruz. Cuanto más bondadoso es un hombre, más será despreciado por aquellos que aman la desolación, la oscuridad y el pecado del mundo. Tal como el cuervo no regresó al arca, sino que se quedó viviendo en la desolación, el hombre ha edificado su civilización sobre una muerte flotante. Pensaríamos que es de otra manera. Estamos orgullosos de nuestra cultura. Estamos orgullosos de nuestros puentes, nuestras carreteras, nuestros avances espaciales, nuestra educación y todas nuestras proezas. Dios mira el corazón y dice: "El mundo está lleno de violencia". Está lleno de violencia y está lleno de corrupción en nuestros días.

No había lugar donde la paloma se sentara

Creo que lo más aterrador que el corazón del cristiano sensible puede escuchar es el zumbido de las alas de Dios. Dios quiere descender. Él quiere entrar en nuestros edificios de parlamento, congreso y senado. Él quiere entrar en las Naciones Unidas. Él quiere entrar en nuestros grupos y jugar béisbol y hockey. Dios quiere entrar, pero no puede hacerlo por causa del juicio. Su ira está sobre un mundo corrupto, violento y vicioso. El Espíritu Santo está impaciente y no puede descender. Él lo haría, porque ama a la humanidad. Ama incluso al más grande pecador del mundo, que puedes ser tú o puedo ser yo. El pecado está tanto en el corazón como en el cuerpo y la conducta.

Supongo que yo no hablaría acerca de todo esto si lo único que tuviera que decir es que el mundo no puede recibir al Espíritu Santo. Esto me lleva a lo que más me preocupa, y es que el Espíritu Santo no puede ni siquiera alumbrar a los cristianos. Ahora bien, cada cristiano tiene una medida del Espíritu Santo. Que eso quede claro. "Si alguno no tiene el Espíritu de Cristo, no es de él" (Ro. 8:9). Cuando el Espíritu Santo convence a un hombre y lo regenera, hay una medida del Espíritu Santo que se deposita en la vida de ese hombre.

El Espíritu Santo mora en cierta medida en el pecho de todo aquel que se convierte. De lo contrario, no habría conversión. El Espíritu Santo no se queda fuera y desde fuera regenera a un hombre, sino que entra y lo regenera. Esto es así, y nos alegramos y damos gracias por ello, pero otra cosa es que el Espíritu Santo descienda con sus alas extendidas, sin retraerse, libre y dichoso de llenar vidas, llenar iglesias, y llenar denominaciones. Esa es otra historia muy diferente.

Es un hecho cierto, justo y favorable que existe una medida del Espíritu en el pecho de cada hombre que se convierte. También es verdad que el Espíritu Santo quiere descender, como quiso descender la paloma sobre tierra seca sin poder encontrar un lugar dónde sentar la planta de su pie. En nuestros días, el Espíritu también busca un lugar dónde sentar la planta de su pie, y a estas visitaciones las llamamos "avivamientos". ¡Cuánto anhelamos que el Espíritu descienda y nos ilumine!

> El Espíritu Santo no se queda fuera y desde fuera regenera a un hombre, sino que entra y lo regenera.

Debo decir la verdad, y la verdad no es muy bien recibida, aun entre los santos. La simple verdad es que a menos que descienda la Paloma de Dios sobre el movimiento evangélico, el fundamentalismo y nuestras iglesias del evangelio, y con sus alas extendidas se revele y podamos sentirlo entre nosotros, lo que es fundamentalismo se convertirá en liberalismo en los años venideros. Y el liberalismo será unitarianismo.

El juicio viene

El mundo no es amigo de la gracia como para conducirnos a Dios. Vamos en la dirección contraria. ¿Has pensado en esto, o simplemente vives en función de tu entretenimiento? ¿Te has detenido a pensar en todo esto? Tú y yo tenemos que enfrentar el juicio uno de estos días. Tú y yo vamos a estar delante del Hombre cuyos ojos son como fuego, y de cuya boca sale una espada de dos filos, y vamos a tener que hablar con Él acerca de lo que hicimos mientras estuvimos en el cuerpo, y vamos a tener que enfrentar lo que Wesley llamó "la gran sesión", donde seremos juzgados por nuestros hechos cometidos en vida. Este no es el juicio del gran trono blanco, que es para pecadores, sino otro juicio que es para cristianos. Vamos a tener que mostrarle que hemos tomado en serio todo esto que sabemos. ¡No vivimos para entretenernos, sino para ser santos!

El Espíritu está buscando un lugar dónde sentar la planta de su pie. Él lo busca, y percibo el revuelo de sus alas santas, y oigo el lamento de Quien ha sido contristado y apagado. Lo veo buscando señales de arrepentimiento, señales de contrición de corazón, esperando que Dios retire su juicio de la Iglesia. Cuando Dios juzga al mundo, será con terror y con fuego, pero Dios quiere juzgar a la Iglesia. Él quiere juzgarnos a ti y a mí, a sus hijos. Él quiere empezar por la casa del Señor, y Él quiere empezar a juzgarnos, y la ausencia del poder pleno del Espíritu Santo es condenación perpetua.

¿Cuáles son, pues, las manifestaciones de desagrado de

Dios con su pueblo? Bueno, permíteme nombrar unas pocas. Hay pecados de acto y hábito, pecados de egoísmo, como disfrutar de riqueza mientras el mundo muere de hambre, viviendo como reyes mientras millones perecen. Y pecados del corazón como la lujuria.

Tú puedes ser cristiano, o al menos pertenecer a una buena iglesia, y aun así tener lujuria en tu corazón. Puedes pertenecer a una buena iglesia y aun así tener resentimiento en tu corazón. Tú vas delante del pastor o los ancianos, o diáconos, o quien sea que reciba a la gente en tu iglesia, y ellos no pueden ver tu corazón donde abrigas lujuria. Todos hemos cultivado una sonrisa religiosa, y logramos una apariencia piadosa cuando la ocasión lo amerita. Cuando solicitamos membresía, sonreímos con un gesto piadoso, y ellos dicen ¡qué buen joven es aquel hombre! Pero en su corazón hay lujuria. Dios aborrece esto, ¡y la Paloma no descenderá allí!

No podemos ver el corazón de una mujer y cómo resiente que la mujer al otro lado de la calle tenga un auto más grande que ella, o un abrigo de pieles más costoso. Hay iglesias donde diáconos y ancianos se sientan durante años en la misma reunión de junta sin confesar el resentimiento que tienen en sus corazones.

El resentimiento en el corazón de un hombre es tan malo como el adulterio. El resentimiento o el rencor en el corazón de una mujer es tan malo como el mundo.

¡No vivimos para entretenernos, sino para ser santos!

El hombre del mundo hace lo único que sabe hacer, y me pregunto si en algo es peor que el supuesto hombre piadoso que tiene rencor, resentimiento o celos en el corazón.

He conocido personas que vivieron año tras año con resentimiento, pero yo me niego a permanecer enojado con alguien. Me niego por completo a eso. Yo vengo de una estirpe inglesa de personas nerviosas y de temperamento fuerte. Mi padre tenía un carácter como el detonador de una bomba atómica, y podía estallar. Lo he visto tomar una pala para golpear con enojo una carretilla, solo golpear una carretilla. Pero yo rehúso permanecer airado con alguien. Rehúso abrigar resentimiento y animadversión, y un espíritu rencoroso que consuma mi vida. ¡Perdona a tu prójimo y te sentirás mejor en tu interior! Pero tenemos rencor, tenemos celos, tenemos envidia y orgullo, orgullo personal, orgullo de lo que creemos, orgullo de las posesiones, orgullo racial y orgullo de los logros.

También tenemos frialdad en el corazón hacia Dios. Cantamos acerca de Dios y oramos, pero somos faltos de calidez. Adoramos con frialdad y rigidez. Dios debió anticipar lo que sería la Iglesia floja, cuando el hombre de Dios advirtió a los judíos y dijo: "¡Ay de los reposados en Sion... Duermen en camas de marfil... gorjean al son de la flauta, e inventan instrumentos musicales, como David... y no se afligen por el quebrantamiento de José" (Am. 6:1, 4-6). Somos fundamentalistas, ¡sin duda lo somos! Llevamos nuestras Biblias de Scofield, ¡sí que las llevamos! Somos evangélicos, pero la iglesia decae, y no nos importa, ¡al menos no nos importa mucho!

Indiferencia hacia los perdidos

Por otro lado, está el pobre mundo enfermo que nos rodea. Yo, por mi parte, no quiero ser feliz mientras el mundo perece.

Nadie ama al mundo lo suficiente. El Hombre que amó al mundo lo suficiente para morir por él, murió por él, y Pablo, el hombre que amó a Israel lo suficiente para perecer por Israel, clamó que prefería estar bajo maldición por causa de Israel. Parece que en nuestros días esto es muy escaso. Gran parte de nuestro cristianismo es social en lugar de espiritual. Deberíamos ser un cuerpo espiritual con matices sociales, pero la mayoría de nuestras iglesias son entidades sociales con matices espirituales. El corazón de la Iglesia debería siempre ser Cristo y el Espíritu Santo. El corazón de la Iglesia debería ser siempre el cielo, Dios y su justicia. Quienes amaban al Señor hablaban a menudo entre sí, y lo que hablaban eran temas espirituales.

He conocido hombres que no hablarían nada contigo si no es acerca de Dios. Había un canadiense llamado Robert Jaffray, cuya familia publicaba el Toronto *Globe and Mail*. Él se convirtió en cristiano y fue rechazado por su familia porque estaban en desacuerdo, y partió al campo misionero. Ese hombre de Dios, ese buen hombre piadoso, ¡pasó años en busca de los perdidos para ganarlos para Cristo! Siempre estaba leyendo mapas e iba a lugares donde ningún hombre en su condición hubiera ido jamás. Tenía sobrepeso, padecía diabetes, y le resultaba difícil comer saludable. Sin embargo, continuó su labor, y se sustentaba con cualquier cosa que encontraba para comer. Vivió entre los pueblos pobres y miserables del mundo, diciendo a Dios siempre: "¡Deja ir a mi pueblo!" (Éx. 5:1). Robert Jaffray llegó a un punto en el que resultaba imposible hablar con él acerca

> ¡Perdona a tu prójimo y te sentirás mejor en tu interior!

de trivialidades. No se podía hablar así con él. Él bajaba su mirada y respondía, y luego empezaba a hablar acerca de Dios y de las misiones. He conocido a santos como él, personas tan inmersas en las cosas de Dios que nada más les importaba. Mi hermano y hermana, el Espíritu Santo ama a personas como ellos. Él ama esa clase de espíritu, y es pronto para visitar, llenar, conducir, y reinar en él. Dios busca un pueblo que quiera ser justo. Busca un pequeño lugar donde las aguas de su indignación se hayan secado, donde no haya más juicio, ni muerte, donde el cieno y la inmundicia hayan sido limpiados y donde el bendito Espíritu Santo pueda descender en poder. ¡Él quiere realizar ese nuevo comienzo con nosotros y para todos nosotros!

Historia de un corazón sensible

Permíteme contarte una historia de la vida real. En una ocasión en la que viajaba en tren, un hombre a quien conocía subió y se sentó a mi lado. Era un misionero, y se veía muy amable y quebrantado. Me explicó lo siguiente:

> Me gustaría preguntarle algo, señor Tozer. Estoy angustiado, y le contaré mi problema. Hace unos años, algo extraño sucedió en las instalaciones de nuestra misión en India. Habíamos sido bendecidos y todo iba muy bien. Los misioneros se reunieron para una conferencia, y los cristianos nativos estaban presentes también. Todos estábamos sentados, y solicitaron a un misionero presbiteriano predicar a todos. Él predicó y se sentó.
>
> Señor Tozer, nunca podré describirle lo que sucedió, y no sé por qué sucedió, pero de repente

descendió sobre esa congregación algo así como una ola de amor y de luz que nos quebrantó a todos por completo.

Un misionero buscó a otro y le dijo: "Perdóname, perdóname", y otro corrió a buscar a otro, y lloraron juntos y se abrazaron. Como resultado de esta experiencia, mi hogar ha sido completamente transformado. Mi esposa y yo estábamos bien, un hogar cristiano normal, pero ¡qué diferente ha sido todo desde entonces! Ahora nuestro hogar es el cielo.

Sin embargo, esto es lo que me molesta. Desde entonces, soy tan sensible y lloro con tanta facilidad que me molesta. Cuando me levanto a predicar, es igualmente probable que me derrumbe y llore. Yo nunca antes fui así, pero desde la experiencia de aquel día, la visitación repentina y maravillosa en India, lloro con demasiada facilidad.

De regreso en el barco, tuve esta experiencia. Una mañana me pidieron presidir el servicio en el barco. Me dijeron que había algunos comunistas presentes durante el culto. Yo tomé mi texto y se repitió lo que había sucedido antes. El recuerdo de toda la gloria descendió sobre mí, y empecé a llorar, y no pude terminar mi sermón.

—¿Qué pensaron los comunistas del sermón? ¿Se burlaron de ti? —pregunté yo.

—Oh, no —respondió él—. Fueron muy reverentes. Yo no puedo decir algo bueno de un comunista; no puedo. Pero al menos en esa ocasión el Espíritu Santo calló la boca de los comunistas.

Entonces dije a mi amigo:

—Tú me has pedido consejo acerca de cómo superar tu problema de un corazón sensible. Hermano, ¡no trates de hacerlo! En el mundo ya tenemos demasiados predicadores sin vida, y demasiados hombres que nunca derraman una lágrima. Si puedes seguir derramando las lágrimas de Dios y guardar tu corazón tierno, hermano, ¡hazlo! Tienes un tesoro al que nunca debes renunciar.

¿Sabes cómo llegó él a ser así? La venida, la iluminación de lo alto, y se reconciliaron unos con otros. Se purificaron, sacaron de su corazón el conflicto, y se apartaron de sus pecados. Aun los misioneros se apartaron de sus pecados, y cuando cesó la indignación del Dios Todopoderoso, ¡el Espíritu Santo descendió!

E D I T O R I A L
PORTAVOZ

NUESTRA VISIÓN

Maximizar el efecto de recursos cristianos de calidad que transforman vidas.

NUESTRA MISIÓN

Desarrollar y distribuir productos de calidad —con integridad y excelencia—, desde una perspectiva bíblica y confiable, que animen a las personas a conocer y servir a Jesucristo.

NUESTROS VALORES

Nuestros valores se encuentran fundamentados en la Biblia, fuente de toda verdad para hoy y para siempre. Nosotros ponemos en práctica estas verdades bíblicas como fundamento para las decisiones, normas y productos de nuestra compañía.

Valoramos la excelencia y la calidad
Valoramos la integridad y la confianza
Valoramos el mérito y la dignidad de los individuos
y las relaciones
Valoramos el servicio
Valoramos la administración de los recursos

Para más información acerca de nuestra editorial y los productos que publicamos visite nuestra página en la red: www.portavoz.com